全国普法学习读本

社会实用法律法规读本

基层民主选举法律法规学习读本

村民组织选举法律法规

魏光朴　主编

汕頭大學出版社

图书在版编目（CIP）数据

村民组织选举法律法规 / 魏光朴主编. -- 汕头：汕头大学出版社（2021.7 重印）

（基层民主选举法律法规学习读本）

ISBN 978-7-5658-3239-0

Ⅰ. ①村… Ⅱ. ①魏… Ⅲ. ①村民委员会-选举法-基本知识-中国 Ⅳ. ①D921.2

中国版本图书馆 CIP 数据核字（2017）第 300491 号

村民组织选举法律法规 CUNMIN ZUZHI XUANJU FALÜ FAGUI

主　　编：魏光朴
责任编辑：邹　峰
责任技编：黄东生
封面设计：大华文苑
出版发行：汕头大学出版社
　　　　　广东省汕头市大学路 243 号汕头大学校园内　邮政编码：515063
电　　话：0754-82904613
印　　刷：三河市南阳印刷有限公司
开　　本：690mm×960mm 1/16
印　　张：18
字　　数：226 千字
版　　次：2017 年 12 月第 1 版
印　　次：2021年 7 月第 2 次印刷
定　　价：59.60 元（全 2 册）
ISBN 978-7-5658-3239-0

前言

习近平总书记指出："推进全民守法，必须着力增强全民法治观念。要坚持把全民普法和守法作为依法治国的长期基础性工作，采取有力措施加强法制宣传教育。要坚持法治教育从娃娃抓起，把法治教育纳入国民教育体系和精神文明创建内容，由易到难、循序渐进不断增强青少年的规则意识。要健全公民和组织守法信用记录，完善守法诚信褒奖机制和违法失信行为惩戒机制，形成守法光荣、违法可耻的社会氛围，使遵法守法成为全体人民共同追求和自觉行动。"

中共中央、国务院曾经转发了中央宣传部、司法部关于在公民中开展法治宣传教育的规划，并发出通知，要求各地区各部门结合实际认真贯彻执行。通知指出，全民普法和守法是依法治国的长期基础性工作。深入开展法治宣传教育，是全面建成小康社会和新农村的重要保障。

普法规划指出：各地区各部门要根据实际需要，从不同群体的特点出发，因地制宜开展有特色的法治宣传教育坚持集中法治宣传教育与经常性法治宣传教育相结合，深化法律进机关、进乡村、进社区、进学校、进企业、进单位的"法律六进"主题活动，完善工作标准，建立长效机制。

特别是农业、农村和农民问题，始终是关系党和人民事业发展的全局性和根本性问题。党中央、国务院发布的《关于推进社会主义新农村建设的若干意见》中明确提出要"加强农村法制建设，深入开展农村普法教育，增强农民的法制观念，提高农民依法行使权利和履行义务的自觉性。"多年普法实践证明，普及法律知识，提高法制观念，增强全社会依法办事意识具有重要作用。特别是在广大农村进行普法教育，是提高全民法律素质的需要。

多年来，我国在农村实行的改革开放取得了极大成功，农村发生了翻天覆地的变化，广大农民生活水平大大得到了提高。但是，由于历史和社会等原因，现阶段我国一些地区农民文化素质还不高，不学法、不懂法、不守法现象虽然较原来有所改变，但仍有相当一部分群众的法制观念仍很淡化，不懂、不愿借助法律来保护自身权益，这就极易受到不法的侵害，或极易进行违法犯罪活动，严重阻碍了全面建成小康社会和新农村步伐。

为此，根据党和政府的指示精神以及普法规划，特别是根据广大农村农民的现状，在有关部门和专家的指导下，特别编辑了这套《全国普法学习读本》。主要包括了广大人民群众应知应懂、实际实用的法律法规。为了辅导学习，附录还收入了相应法律法规的条例准则、实施细则、解读解答、案例分析等；同时为了突出法律法规的实际实用特点，兼顾地方性和特殊性，附录还收入了部分某些地方性法律法规以及非法律法规的政策文件、管理制度、应用表格等内容，拓展了本书的知识范围，使法律法规更"接地气"，便于读者学习掌握和实际应用。

在众多法律法规中，我们通过甄别，淘汰了废止的，精选了最新的、权威的和全面的。但有部分法律法规有些条款不适应当下情况了，却没有颁布新的，我们又不能擅自改动，只得保留原有条款，但附录却有相应的补充修改意见或通知等。众多法律法规根据不同内容和受众特点，经过归类组合，优化配套。整套普法读本非常全面系统，具有很强的学习性、实用性和指导性，非常适合用于广大农村和城乡普法学习教育与实践指导。总之，是全国全民普法的良好读本。

目　录

中华人民共和国村民委员会组织法

村民委员会选举规程

中华人民共和国民族区域自治法

中华人民共和国村民委员会组织法

中华人民共和国主席令

第三十七号

《中华人民共和国村民委员会组织法》已由中华人民共和国第十一届全国人民代表大会常务委员会第十七次会议于2010年10月28日修订通过，现将修订后的《中华人民共和国村民委员会组织法》公布，自公布之日起施行。

中华人民共和国主席　胡锦涛

2010年10月28日

（1998年11月4日第九届全国人民代表大会常务委员会第五次会议通过；根据2010年10月28日第十一届全国人民代表大会常务委员会第十七次会议修订）

第一章　总　则

第一条　为了保障农村村民实行自治，由村民依法办理自己的事情，发展农村基层民主，维护村民的合法权益，促进社会主义新农村建设，根据宪法，制定本法。

第二条　村民委员会是村民自我管理、自我教育、自我服务的基层群众性自治组织，实行民主选举、民主决策、民主管理、民主监督。

村民委员会办理本村的公共事务和公益事业，调解民间纠纷，协助维护社会治安，向人民政府反映村民的意见、要求和提出建议。

村民委员会向村民会议、村民代表会议负责并报告工作。

第三条　村民委员会根据村民居住状况、人口多少，按照便于群众自治，有利于经济发展和社会管理的原则设立。

村民委员会的设立、撤销、范围调整，由乡、民族乡、镇的人民政府提出，经村民会议讨论同意，报县级人民政府批准。

村民委员会可以根据村民居住状况、集体土地所有权关系等分设若干村民小组。

第四条　中国共产党在农村的基层组织，按照中国共产党章程进行工作，发挥领导核心作用，领导和支持村民委员会行使职权；依照宪法和法律，支持和保障村民开展自治活动、直接行使民主权利。

第五条　乡、民族乡、镇的人民政府对村民委员会的工作给予指导、支持和帮助，但是不得干预依法属于村民自治范围内的事项。

村民委员会协助乡、民族乡、镇的人民政府开展工作。

第二章　村民委员会的组成和职责

第六条　村民委员会由主任、副主任和委员共三至七人组成。

村民委员会成员中，应当有妇女成员，多民族村民居住的村应当有人数较少的民族的成员。

对村民委员会成员，根据工作情况，给予适当补贴。

第七条　村民委员会根据需要设人民调解、治安保卫、公共卫生与计划生育等委员会。村民委员会成员可以兼任下属委员会的成员。人口少的村的村民委员会可以不设下属委员会，由村民委员会成员分工负责人民调解、治安保卫、公共卫生与计划生育等工作。

第八条　村民委员会应当支持和组织村民依法发展各种形式的合作经济和其他经济，承担本村生产的服务和协调工作，促进农村生产建设和经济发展。

村民委员会依照法律规定，管理本村属于村农民集体所有的土地和其他财产，引导村民合理利用自然资源，保护和改善生态环境。

村民委员会应当尊重并支持集体经济组织依法独立进行经济活动的自主权，维护以家庭承包经营为基础、统分结合的双层经营体制，保障集体经济组织和村民、承包经营户、联户或者合伙的合法财产权和其他合法权益。

第九条　村民委员会应当宣传宪法、法律、法规和国家的政策，教育和推动村民履行法律规定的义务、爱护公共财产，维护村民的合法权益，发展文化教育，普及科技知识，促进男女平等，做好计划生育工作，促进村与村之间的团结、互助，开展多种形式的社会主义精神文明建设活动。

村民委员会应当支持服务性、公益性、互助性社会组织依法开展活动，推动农村社区建设。

多民族村民居住的村，村民委员会应当教育和引导各民族村民增进团结、互相尊重、互相帮助。

第十条 村民委员会及其成员应当遵守宪法、法律、法规和国家的政策，遵守并组织实施村民自治章程、村规民约，执行村民会议、村民代表会议的决定、决议，办事公道，廉洁奉公，热心为村民服务，接受村民监督。

第三章 村民委员会的选举

第十一条 村民委员会主任、副主任和委员，由村民直接选举产生。任何组织或者个人不得指定、委派或者撤换村民委员会成员。

村民委员会每届任期三年，届满应当及时举行换届选举。村民委员会成员可以连选连任。

第十二条 村民委员会的选举，由村民选举委员会主持。

村民选举委员会由主任和委员组成，由村民会议、村民代表会议或者各村民小组会议推选产生。

村民选举委员会成员被提名为村民委员会成员候选人，应当退出村民选举委员会。

村民选举委员会成员退出村民选举委员会或者因其他原因出缺

的，按照原推选结果依次递补，也可以另行推选。

第十三条 年满十八周岁的村民，不分民族、种族、性别、职业、家庭出身、宗教信仰、教育程度、财产状况、居住期限，都有选举权和被选举权；但是，依照法律被剥夺政治权利的人除外。

村民委员会选举前，应当对下列人员进行登记，列入参加选举的村民名单：

户籍在本村并且在本村居住的村民；

户籍在本村，不在本村居住，本人表示参加选举的村民；

户籍不在本村，在本村居住一年以上，本人申请参加选举，并且经村民会议或者村民代表会议同意参加选举的公民。

已在户籍所在村或者居住村登记参加选举的村民，不得再参加其他地方村民委员会的选举。

第十四条 登记参加选举的村民名单应当在选举日的二十日前由村民选举委员会公布。

对登记参加选举的村民名单有异议的，应当自名单公布之日起五日内向村民选举委员会申诉，村民选举委员会应当自收到申诉之日起三日内作出处理决定，并公布处理结果。

第十五条 选举村民委员会，由登记参加选举的村民直接提名候选人。村民提名候选人，应当从全体村民利益出发，推荐奉公守法、品行良好、公道正派、热心公益、具有一定文化水平和工作能力的村民为候选人。候选人的名额应当多于应选名额。村民选举委员会应当组织候选人与村民见面，由候选人介绍履行职责的设想，回答村民提出的问题。

选举村民委员会，有登记参加选举的村民过半数投票，选举有效；候选人获得参加投票的村民过半数的选票，始得当选。当选人数不足应选名额的，不足的名额另行选举。另行选举的，第一次投票未当选的人员得票多的为候选人，候选人以得票多的当选，但是所得票数不得少于已投选票总数的三分之一。

选举实行无记名投票、公开计票的方法，选举结果应当当场公布。选举时，应当设立秘密写票处。

登记参加选举的村民，选举期间外出不能参加投票的，可以书面委托本村有选举权的近亲属代为投票。村民选举委员会应当公布委托人和受委托人的名单。

具体选举办法由省、自治区、直辖市的人民代表大会常务委员会规定。

第十六条 本村五分之一以上有选举权的村民或者三分之一以上的村民代表联名，可以提出罢免村民委员会成员的要求，并说明要求罢免的理由。被提出罢免的村民委员会成员有权提出申辩意见。

罢免村民委员会成员，须有登记参加选举的村民过半数投票，并须经投票的村民过半数通过。

第十七条 以暴力、威胁、欺骗、贿赂、伪造选票、虚报选举票数等不正当手段当选村民委员会成员的，当选无效。

对以暴力、威胁、欺骗、贿赂、伪造选票、虚报选举票数等不正当手段，妨害村民行使选举权、被选举权，破坏村民委员会选举的行为，村民有权向乡、民族乡、镇的人民代表大会和人民政府或者县级人民代表大会常务委员会和人民政府及其有关主管部门举报，由乡级或者县级人民政府负责调查并依法处理。

第十八条 村民委员会成员丧失行为能力或者被判处刑罚的，其职务自行终止。

第十九条 村民委员会成员出缺，可以由村民会议或者村民代表会议进行补选。补选程序参照本法第十五条的规定办理。补选的村民委员会成员的任期到本届村民委员会任期届满时止。

第二十条 村民委员会应当自新一届村民委员会产生之日起十日内完成工作移交。工作移交由村民选举委员会主持，由乡、民族乡、镇的人民政府监督。

第四章 村民会议和村民代表会议

第二十一条 村民会议由本村十八周岁以上的村民组成。

村民会议由村民委员会召集。有十分之一以上的村民或者三分之一以上的村民代表提议，应当召集村民会议。召集村民会议，应当提前十天通知村民。

第二十二条 召开村民会议，应当有本村十八周岁以上村民的过半数，或者本村三分之二以上的户的代表参加，村民会议所作决定应当经到会人员的过半数通过。法律对召开村民会议及作出决定另有规定的，依照其规定。

召开村民会议，根据需要可以邀请驻本村的企业、事业单位和群众组织派代表列席。

第二十三条 村民会议审议村民委员会的年度工作报告，评议村民委员会成员的工作；有权撤销或者变更村民委员会不适当的决定；有权撤销或者变更村民代表会议不适当的决定。

村民会议可以授权村民代表会议审议村民委员会的年度工作报告，评议村民委员会成员的工作，撤销或者变更村民委员会不适当的决定。

第二十四条 涉及村民利益的下列事项，经村民会议讨论决定方可办理：

本村享受误工补贴的人员及补贴标准；

从村集体经济所得收益的使用；

本村公益事业的兴办和筹资筹劳方案及建设承包方案；

土地承包经营方案；

村集体经济项目的立项、承包方案；

宅基地的使用方案；

征地补偿费的使用、分配方案；

以借贷、租赁或者其他方式处分村集体财产；

村民会议认为应当由村民会议讨论决定的涉及村民利益的其他事项。

村民会议可以授权村民代表会议讨论决定前款规定的事项。

法律对讨论决定村集体经济组织财产和成员权益的事项另有规定的，依照其规定。

第二十五条 人数较多或者居住分散的村，可以设立村民代表会议，讨论决定村民会议授权的事项。村民代表会议由村民委员会成员和村民代表组成，村民代表应当占村民代表会议组成人员的五分之四以上，妇女村民代表应当占村民代表会议组成人员的三分之一以上。

村民代表由村民按每五户至十五户推选一人，或者由各村民小组推选若干人。村民代表的任期与村民委员会的任期相同。村民代表可以连选连任。

村民代表应当向其推选户或者村民小组负责，接受村民监督。

第二十六条 村民代表会议由村民委员会召集。村民代表会议每季度召开一次。有五分之一以上的村民代表提议，应当召集村民代表会议。

村民代表会议有三分之二以上的组成人员参加方可召开，所作决定应当经到会人员的过半数同意。

第二十七条 村民会议可以制定和修改村民自治章程、村规民约，并报乡、民族乡、镇的人民政府备案。

村民自治章程、村规民约以及村民会议或者村民代表会议的决定不得与宪法、法律、法规和国家的政策相抵触，不得有侵犯村民的人身权利、民主权利和合法财产权利的内容。

村民自治章程、村规民约以及村民会议或者村民代表会议的决定违反前款规定的，由乡、民族乡、镇的人民政府责令改正。

第二十八条 召开村民小组会议，应当有本村民小组十八周岁以上的村民三分之二以上，或者本村民小组三分之二以上的户的代表参加，所作决定应当经到会人员的过半数同意。

村民小组组长由村民小组会议推选。村民小组组长任期与村民委员会的任期相同，可以连选连任。

属于村民小组的集体所有的土地、企业和其他财产的经营管理以及公益事项的办理，由村民小组会议依照有关法律的规定讨论决定，所作决定及实施情况应当及时向本村民小组的村民公布。

第五章 民主管理和民主监督

第二十九条 村民委员会应当实行少数服从多数的民主决策机制和公开透明的工作原则，建立健全各种工作制度。

第三十条 村民委员会实行村务公开制度。

村民委员会应当及时公布下列事项，接受村民的监督：

本法第二十三条、第二十四条规定的由村民会议、村民代表会议讨论决定的事项及其实施情况；

国家计划生育政策的落实方案；

政府拨付和接受社会捐赠的救灾救助、补贴补助等资金、物资的管理使用情况；

村民委员会协助人民政府开展工作的情况；

涉及本村村民利益，村民普遍关心的其他事项。

前款规定事项中，一般事项至少每季度公布一次；集体财务往来较多的，财务收支情况应当每月公布一次；涉及村民利益的重大事项应当随时公布。

村民委员会应当保证所公布事项的真实性，并接受村民的查询。

第三十一条 村民委员会不及时公布应当公布的事项或者公布的事项不真实的，村民有权向乡、民族乡、镇的人民政府或者县级人民政府及其有关主管部门反映，有关人民政府或者主管部门应当负责调查核实，责令依法公布；经查证确有违法行为的，有关人员应当依法承担责任。

第三十二条 村应当建立村务监督委员会或者其他形式的村务监督机构，负责村民民主理财，监督村务公开等制度的落实，其成员由村民会议或者村民代表会议在村民中推选产生，其中应有具备财会、管理知识的人员。村民委员会成员及其近亲属不得担任村务监督机构成员。村务监督机构成员向村民会议和村民代表会议负责，可以列席村民委员会会议。

第三十三条 村民委员会成员以及由村民或者村集体承担误工

补贴的聘用人员，应当接受村民会议或者村民代表会议对其履行职责情况的民主评议。民主评议每年至少进行一次，由村务监督机构主持。

村民委员会成员连续两次被评议不称职的，其职务终止。

第三十四条 村民委员会和村务监督机构应当建立村务档案。村务档案包括：选举文件和选票，会议记录，土地发包方案和承包合同，经济合同，集体财务账目，集体资产登记文件，公益设施基本资料，基本建设资料，宅基地使用方案，征地补偿费使用及分配方案等。村务档案应当真实、准确、完整、规范。

第三十五条 村民委员会成员实行任期和离任经济责任审计，审计包括下列事项：

本村财务收支情况；

本村债权债务情况；

政府拨付和接受社会捐赠的资金、物资管理使用情况；

本村生产经营和建设项目的发包管理以及公益事业建设项目招标投标情况；

本村资金管理使用以及本村集体资产、资源的承包、租赁、担保、出让情况，征地补偿费的使用、分配情况；

本村五分之一以上的村民要求审计的其他事项。

村民委员会成员的任期和离任经济责任审计，由县级人民政府农业部门、财政部门或者乡、民族乡、镇的人民政府负责组织，审计结果应当公布，其中离任经济责任审计结果应当在下一届村民委员会选举之前公布。

第三十六条 村民委员会或者村民委员会成员作出的决定侵害村民合法权益的，受侵害的村民可以申请人民法院予以撤销，责任人依法承担法律责任。

村民委员会不依照法律、法规的规定履行法定义务的，由乡、民族乡、镇的人民政府责令改正。

乡、民族乡、镇的人民政府干预依法属于村民自治范围事项的，由上一级人民政府责令改正。

第六章　附　则

第三十七条　人民政府对村民委员会协助政府开展工作应当提供必要的条件；人民政府有关部门委托村民委员会开展工作需要经费的，由委托部门承担。

村民委员会办理本村公益事业所需的经费，由村民会议通过筹资筹劳解决；经费确有困难的，由地方人民政府给予适当支持。

第三十八条　驻在农村的机关、团体、部队、国有及国有控股企业、事业单位及其人员不参加村民委员会组织，但应当通过多种形式参与农村社区建设，并遵守有关村规民约。

村民委员会、村民会议或者村民代表会议讨论决定与前款规定的单位有关的事项，应当与其协商。

第三十九条　地方各级人民代表大会和县级以上地方各级人民代表大会常务委员会在本行政区域内保证本法的实施，保障村民依法行使自治权利。

第四十条　省、自治区、直辖市的人民代表大会常务委员会根据本法，结合本行政区域的实际情况，制定实施办法。

第四十一条　本法自公布之日起施行。

附 录

中共中央办公厅、国务院办公厅关于在农村普遍实行村务公开和民主管理制度的通知

中办发〔1998〕9号

为了贯彻落实党的十五大关于扩大基层民主，保证人民群众直接行使民主权利的精神，推进农村基层民主建设，密切党群干群关系，促进农村的改革、发展和稳定，中央认为，有必要在全国农村普遍实行村务公开和民主管理制度。为此，特通知如下：

一、重要意义和指导思想

党的十五大指出，发展社会主义民主政治，是我们党始终不渝的奋斗目标。扩大基层民主，保证人民群众直接行使民主权利，依法实行民主管理，是健全社会主义民主制度的重要内容。农民是我们党在农村的依靠力量，也是我们国家政权最广泛、最深厚的群众基础。保护和发挥农民的积极性，历来是我们党取得革命和建设胜利的重要保证，也是推进社会主义现代化建设事业顺利进行的必要条件。实行村务公开和民主管理，使农村工作逐步走上规范化和制度化的轨道，有利于发展农村基层民主，活跃农村基层民主生活，保障农民群众直接行使民主权利，进一步扩大人民民主；有利于充

分调动广大农民群众建设社会主义现代化的积极性和创造性；有利于加强农村基层组织和党风廉政建设，强化党员和群众对干部的监督，密切党群干群关系；有利于引导农村干部依法建制、以制治村，正确执行党的群众路线和党的政策，按章办事，做好工作。

实行村务公开和民主管理的指导思想是：以邓小平理论和党的基本路线为指导，正确贯彻落实党在农村的各项方针政策，以推行村务公开为基础，坚持实行民主选举、民主决策、民主管理和民主监督，推进农村的民主、法制建设，促进农村的改革、发展和稳定，推动农业、农村经济与农村社会的全面发展和进步。

二、村务公开的内容和方法

1. 村务公开要从农民群众普遍关心的和涉及群众切身利益的实际问题入手，凡属群众关心的热点问题，以及村里的重大问题都应向村民公开

如新上的经济项目，村里的财产和财务收支，征用土地和宅基地审批，计划生育指标，提留统筹方案及其他农民负担（包括劳动积累工和义务工），集体土地和经营实体的承包，救灾救济款物的发放，村干部年度工作目标、工资奖金和功绩过失情况及其他公共事务等等。要随着形势的发展变化和村民的要求，及时调整、充实村务公开的内容，真正做到凡涉及群众切身利益的大事，都以一定形式向村民公开，接受群众的监督。

2. 村务公开的重点是财务公开

村级财务公开的内容，主要包括财务计划及其执行情况、各项收入和支出、各项财产、债权债务、收益分配、代收代缴费用、水电费、以资代劳情况以及群众要求公开的其他财务事项。村集体经济组织要认真执行各项财务制度。

3. 公开的内容要简洁明了，便于群众了解

公开的形式和方法可以根据实际情况因地制宜、灵活多样，如采用张榜公布，有线广播，召集村民会议或村民代表会议等方式。各村都应在本村适当的地方，建立专门的公开栏，进行张榜公布。

4. 公开的时间要及时

需要公开的事项要尽早向村民公开，也可以采取定期公开的形式。一般一个月或两个月一次，至多不得超过三个月。有些时限较长的事项，可以每完成一个阶段，即公布一次进展情况。每一件较大事项完成之后，要及时向群众公布结果。

5. 要善于运用村务公开这种有效形式，切实加强民主监督

村务公开的目的是：让群众参与管理和监督村里的公共事务和公益事业。每一次村务公开后，党支部和村委会要及时召开党员大会、村民会议或村民代表会议，广泛听取群众的反映和意见。对群众提出的疑问，要及时作出解释；对群众提出的要求，要及时予以答复；对大多数群众不赞成的事情，应坚决予以纠正。要真正让村民参与公共事务的管理，实行有效的民主监督，不走过场，不搞形式主义。

三、民主管理的基本要求

实行民主管理，首先要坚持和完善村民会议或村民代表会议制度。人口少且居住集中的村，应定期召开村民会议；人口多且居住分散的村，可定期召开村民代表会议。要明确规定村民代表会议的人员组成及其条件、职责、权利，制定议事内容和议事规则，确定活动方式、活动程序和活动时间，并按规定严格执行。

要按照国家法律、法规和政策，结合本地实际，明确规定民主议事的内容，凡属村务管理的重大事项以及农民关注的热点、难点

问题的处理，都应先召集党员大会讨论，再分别提交村民会议或村民代表会议讨论，征求党内外群众意见，按大多数人的意见实行民主决策，坚决纠正不顾群众意愿而由几个干部自行其是的做法。

要切实加强群众对村干部的民主监督。村委会班子及其成员的工作，都要由村民会议或村民代表会议进行民主评议或民主测评。对于党支部班子及其成员，应由村支部党员大会并吸收部分村民代表进行民主评议。评议或测评可结合年终工作总结每年进行一次。评议中，村党支部班子成员和村委会班子成员都要作述职报告，在此基础上，由评议者评出称职或不称职，由乡镇党委考核认定。两年被评为不称职的村党支部班子成员和村委会班子成员，要进行组织调整。

村党支部、村民委员会以及其他需要选举产生的村级组织负责人，要根据国家有关法律以及党内法规的规定，按期实行民主选举。未经县（市、区）委批准，无故拖延选举的，要追究乡镇党委和村党支部、村委会主要负责人的责任。在选举中，要做到候选人条件、选举程序、选举办法、选举结果公开，充分发扬党内民主和人民民主，尊重选民意志，任何人不得指定选举某人或不选举某人，任何人不得以不正当方式拉选票。要坚决杜绝各种“贿选”行为的发生，一经发现，要严肃查处。

四、建立健全规章制度

建立健全村务公开和民主管理制度，实现村务公开和民主管理的规范化、制度化，使工作有序，办事有据，真正做到“有章理事”，这是做好农村工作的治本之策，也是使村干部适应新形势的需要、切实改进工作方法的重要措施。因此，要以法律、法规和政策为依据，以实际、实用、实效为原则，建立健全村民会议、村民代表会议和党员议事会制度；村党支部、村民委员会按期换届选举制度；村党支部、村民委员会年终总结报告制度；民主评议党员、干部制度；财务管理、财务审计制度；财务公开、财务监督制度；村干部任期、离任审计制度等等。总之，凡是需要公开的村务工作和被列入民主管理范围的工作，都要依法建制，有制可依，按制办事。

各项制度建立以后，要严格按制度办事，不得随意更改，更不允许违反制度规定。为此，各地可根据实际情况，建立村务公开、民主管理的监督评议组织并授予必要的监督权和评议权，定期或不定期地对有关村务公开和民主管理的各项制度的执行情况进行评议，评议结果要张榜公布。需要改进的，党支部和村委会应及时提出改进意见，公布于众并认真执行。

五、加强领导和督促检查

各级党委和政府要从农村改革、发展和稳定的大局出发，把实行村务公开和民主管理作为农村工作的一项重要任务和农村基层组织建设的一项重要内容，列入重要议事日程，加强领导，精心部署，采取得力措施，帮助和指导村级组织把有关制度建立健全起来，并经常检查督促各项制度的贯彻落实。各乡镇要制订规划，搞好试点，总结推广好的经验，实行分类指导，逐步完善。要将村务公开和民主管理纳入乡村干部岗位目标责任制，把责任制度的执行情况，作为考核乡村干部政绩的重要内容，并将考核结果记入个人档案，作为评选先进和奖惩的依据。

村务公开和民主管理工作，由组织、民政部门牵头，纪检监察、人事、农业等有关部门积极配合，各司其职，各负其责，齐抓共管，使村务公开和民主管理有计划、有步骤地全面推开。已实行村务公开和民主管理制度的，要完善、充实、巩固、提高；没有建立的，要尽快建立起来，并长期坚持下去。

要采取多种措施，加强推行村务公开和民主管理的宣传教育工作，使乡村干部增强民主意识和法制观念，树立群众观点，澄清各种疑虑和模糊认识，提高自觉性，增强主动性，认真负责地搞好这项工作。要总结推广这方面的成功经验，运用典型引路的方法，分类指导，全面推开，不断完善。要把发扬民主同依法办事统一起来，既要保证农民群众依法享有广泛的民主权利，又要加强民主法制教育，引导他们在实践中学会正确行使民主权利。要防止宗族势力和非法宗教活动干扰农村基层民主的健康发展。

要在推行村务公开和民主管理的同时，积极探索在乡镇机关建立政务公开的途径，先行试点，培植典型，逐步推广，要以乡镇机关的政务公开，促进村务公开和民主管理的广泛深入开展。

各地可根据本通知精神，结合实际，制定具体实施办法。

中共中央办公厅　国务院办公厅

1998 年 4 月 18 日

中共中央办公厅　国务院办公厅关于健全和完善村务公开和民主管理制度的意见

中办发〔2004〕17号

《中共中央办公厅、国务院办公厅关于在农村普遍实行村务公开和民主管理制度的通知》（中办发〔1998〕9号）下发和《中华人民共和国村民委员会组织法》施行以来，全国农村普遍实行了村务公开和民主管理制度，为促进农村改革、发展和稳定发挥了重要作用。为认真贯彻落实党的十六大提出的“健全基层自治组织和民主管理制度，完善公开办事制度，保证人民群众依法直接行使民主权利，管理基层公共事务和公益事业，对干部实行民主监督”的要求，适应农村发展的新形势，进一步推进农村社会主义物质文明、政治文明、精神文明协调发展，经党中央、国务院同意，现就健全和完善村务公开和民主管理制度提出如下意见。

一、充分认识进一步做好村务公开和民主管理工作的重大意义

当前，我国正处在全面建设小康社会、加快推进社会主义现代化的新的发展阶段，农村改革、发展和稳定的任务十分繁重。实行村务公开和民主管理，是实践“三个代表”重要思想，维护农民群众根本利益的具体体现；是完善村民自治，发展社会主义民主的重要内容；是顺利推进农村改革和发展，加快农村全面建设小康社会进程的必然要求；是促进农村党风廉政建设，密切党群干群关系的有效途径。近年来，全国各地推行村务公开和民主管理取得了积极

成果，但我们也应清醒地看到，一些地方在村务公开和民主管理中还存在着重形式、轻实效，制度不健全、决策不民主等问题。这与农村改革发展稳定的新形势新任务不相适应，在一定程度上影响了农村经济和社会的发展。为了把党在农村的各项政策落到实处，切实解决好“三农”问题，必须进一步健全和完善村务公开和民主管理制度，扎实推进村务公开和民主管理工作。各级党委和政府要以邓小平理论和“三个代表”重要思想为指导，增强推进村务公开和民主管理的自觉性和紧迫感，真正把这一关系亿万农民切身利益的大事抓紧抓好、抓出成效，实现好、维护好、发展好广大农民群众的根本利益。

二、进一步健全村务公开制度，保障农民群众的知情权

1. 完善村务公开的内容

国家有关法律法规和政策明确要求公开的事项，如计划生育政策落实、救灾救济款物发放、宅基地使用、村集体经济所得收益使用、村干部报酬等，应继续坚持公开。要继续把财务公开作为村务公开的重点，所有收支必须逐项逐笔公布明细账目，让群众了解、监督村集体资产和财务收支情况。同时，要根据农村改革发展的新形势、新情况，及时丰富和拓展村务公开内容。当前，要将土地征用补偿及分配、农村机动地和“四荒地”发包、村集体债权债务、税费改革和农业税减免政策、村内“一事一议”筹资筹劳、新型农村合作医疗、种粮直接补贴、退耕还林还草款物兑现，以及国家其他补贴农民、资助村集体的政策落实情况，及时纳入村务公开的内容。农民群众要求公开的其他事项，也应公开。

2. 规范村务公开的形式、时间和基本程序

各地农村应坚持实际、实用、实效的原则，在便于群众观看的

地方设立固定的村务公开栏，同时还可以通过广播、电视、网络、“明白纸”、民主听证会等其他有效形式公开。一般的村务事项至少每季度公开一次，涉及农民利益的重大问题以及群众关心的事项要及时公开。集体财务往来较多的村，财务收支情况应每月公布一次。要推进村务事项从办理结果的公开，向事前、事中、事后全过程公开延伸。要充分利用现代科学技术，不断创新村务公开的有效形式和手段。村务公开的基本程序是：村民委员会根据本村的实际情况，依照法规和政策的有关要求提出公开的具体方案；村务公开监督小组对方案进行审查、补充、完善后，提交村党组织和村民委员会联席会议讨论确定；村民委员会通过村务公开栏等形式及时公布。

3. 设立村务公开监督小组

村务公开监督小组成员经村民会议或村民代表会议在村民代表中推选产生，负责监督村务公开制度的落实。村干部及其配偶、直系亲属不得担任村务公开监督小组成员。村务公开监督小组及其成员应当热爱集体，公道正派，有一定的议事能力，其中应有具备财会知识的成员。村务公开监督小组要依法履行职责，认真审查村务公开各项内容是否全面、真实，公开时间是否及时，公开形式是否科学，公开程序是否规范，并及时向村民会议或村民代表会议报告监督情况。对不履行职责的成员，村民会议或村民代表会议有权罢免其资格。

4. 听取和处理群众意见

群众对公布的内容有疑问的，可以口头或书面形式向村务公开监督小组投诉，村务公开监督小组对群众反映的问题应当及时进行调查，确有内容遗漏或者不真实的，应督促村民委员会重新公布；

也可以直接向村党组织、村民委员会询问，村民委员会应在 10 日内予以解释和答复。村民委员会要对村务公开资料进行整理归档并妥善保管。

三、进一步规范民主决策机制，保障农民群众的决策权

1. 推进村级事务民主决策

凡是与农民群众切身利益密切相关的事项，如村集体的土地承包和租赁、集体企业改制、集体举债、集体资产处置、村干部报酬、村公益事业的经费筹集方案和建设承包方案等，都要实行民主决策，不能由个人或少数人决定。村民委员会的设立、撤并、范围调整，由乡级人民政府提出意见后，必须经村民会议讨论同意，并报县级人民政府批准。集体经济已实行股份制或股份合作制改革的村，要按照改革后的有关要求进行民主决策和民主监督。村级民主决策的事项要符合党的方针政策和国家法律法规，不得有侵犯村民人身权利、民主权利和合法财产权利的内容。

2. 明确村级民主决策的形式

村级民主决策的基本组织形式是村民会议和村民代表会议。召开村民会议，应当有本村 18 周岁以上村民的过半数参加，或者有本村三分之二以上的户的代表参加，所作决定应当经到会人员的过半数通过。涉及农村土地承包、调整等重大事项，应依照《中华人民共和国农村土地承包法》等相关法律法规进行民主决策。村民代表会议讨论决定村民会议授权的事项。村民代表由村民依法推选产生，妇女代表要占一定比例。要完善村民会议和村民代表会议议事规则，建立健全村民代表联系户制度，确保村民代表真正代表民意。认真研究和探索村庄撤并、外出务工经商人员不断增多情况下村级民主决策的有效形式。

3. 规范村级民主决策的程序

涉及村民利益的事项，原则上要遵循以下决策程序：由村党组织、村民委员会、村集体经济组织、十分之一以上村民联名或五分之一以上村民代表联名提出议案；由村党组织统一受理议案，并召集村党组织和村民委员会联席会议，研究提出具体意见或建议；由村民委员会召集村民会议或村民代表会议讨论决定；由村党组织、村民委员会组织实施村民民主决策事项的办理。对提交村民会议或村民代表会议讨论决定的事项，会前要向村民或村民代表公告，广泛征求意见；会后要及时公布表决结果；对决定事项的实施情况，要及时公布，自觉接受群众监督。涉及村民利益的重大事项，必须按照决策程序提请村民会议或村民代表会议讨论决定。

4. 建立决策责任追究制度

除发生自然灾害等紧急情况外，村民会议或村民代表会议依法形成的决议不得随意更改，如因情况发生变化确需更改的，要通过村民会议或村民代表会议讨论决定。村民会议或村民代表会议讨论决定的事项，要形成书面记录并妥善保存。未经村民会议或村民代表会议讨论决定，任何组织或个人擅自以集体名义借贷，变更与处置村集体的土地、企业、设备、设施等，均为无效，村民有权拒绝，造成的损失由责任人承担，构成违纪的给予党纪政纪处分，涉嫌犯罪的移交司法机关依法处理。

四、进一步完善民主管理制度，保障农民群众的参与权

1. 推进村级事务民主管理

村党组织、村民委员会要依据党的方针政策和国家的法律法规，组织全体村民结合实际讨论制定和完善村民自治章程、村规民约、村民会议和村民代表会议议事规则、财务管理制度等，明确规

定村干部的职责、村民的权利和义务，村级各类组织的职责、工作程序及相互关系，明确提出对经济管理、社会治安、移风易俗、计划生育等方面的要求。用制度规范村干部和村民行为，增强村民自我管理、自我教育、自我服务的能力，增强干部群众的法制观念和依法办事能力。

2. 建立村民委员会换届后的工作移交制度

村民委员会换届工作结束后，原村民委员会应将公章、办公场所、办公用具、集体财务账目、固定资产、工作档案、债权债务及其他遗留问题等，及时移交给新一届村民委员会。移交工作由乡级人民政府负责主持。对拒绝移交或无故拖延移交的，村党组织、乡级党委和政府应给予批评教育，督促其加以改正。移交过程中发现有重大问题的，村干部和村民可以向乡级人民政府或者纪检监察机关、人民法院、人民检察院等有关机关反映，受理单位应及时依法处理。

3. 加强村民民主理财制度建设

村民民主理财由村民民主理财小组代表村民进行，民主理财小组成员由村民会议或村民代表会议从村务公开监督小组成员中推选产生。民主理财小组向村民会议或村民代表会议负责并报告工作。民主理财小组负责对本村集体财务活动进行民主监督，参与制定本村集体的财务计划和各项财务管理制度，有权检查、审核财务账目及相关的经济活动事项，有权否决不合理开支。当事人对否决有异议的，可提交村民会议或村民代表会议讨论决定。村民有权对本村集体的财务账目提出质疑，有权委托民主理财小组查阅、审核财务账目，有权要求有关当事人对财务问题作出解释。对群众反映财务问题较多的村，县、乡党委和政府及有关部门要帮助其搞好财务清理整顿工作，解决存在的问题，建立健全财务管理和民主理财制度。制定和完善集体资产监管办法，防止集体资产流失，确保村集体资产保值、增值。

4. 规范农村集体财务收支审批程序

财务事项发生时，经手人必须取得有效的原始凭证，注明用途并签字（盖章），交民主理财小组集体审核。审核同意后，由民主理财小组组长签字（盖章），报经村党组织、村民委员会负责人审批同意并签字（盖章），由会计人员审核记账。经民主理财小组审核确定为不合理财务开支的事项，有关支出由责任人承担。财务流程完成后，要按照财务公开程序进行公开，接受群众监督。乡级人民政府及业务主管部门要对村级财务活动加强指导和监督。

五、进一步强化村务管理的监督制约机制，保障农民群众的监督权

1. 加强对农村集体财务的审计监督

县、乡两级农村集体资产和财务管理指导部门，要切实组织好对农村集体财务的审计监督工作。审计内容主要包括：集体资产的管理使用、财务预决算、财务收支、生产经营和建设项目的发包管理、集体的债权债务、上级划拨或接受社会捐赠的资金、物资使用等情况，以及群众要求审计的其他事项。当前，要加大对集体土地征用、集体企业改制、“村改居”和并村过程中集体资产的处置、村内“一事一议”筹资筹劳、新型农村合作医疗、政府发放到村到户的各项补贴资金和物资等事项的审计力度，并将审计结果及时公布。村干部任期届满或离任时必须审计。在审计中查出侵占集体资产和资金、多吃多占、铺张浪费的，要责令其如数退赔；涉及国家工作人员及村干部违法违纪的，需要给予党纪政纪处分的，移交纪检监察机关

处理；构成犯罪的，移交司法机关依法追究当事人的法律责任。农村集体经济组织、村民小组、农（畜）产品行业协会和农民专业合作组织所有的资产，也要实行财务公开，加强管理与监督。

2. 推行民主评议村干部工作制度

民主评议对象为村党组织班子成员、村民委员会班子成员、村集体经济组织班子成员、村民小组长以及享受由村民或集体承担误工补贴（工资）的其他村务管理人员。民主评议由乡级党委、政府具体组织，通过村民会议、村民代表会议或与村民座谈等形式进行。民主评议一般每年进行一次，要把群众满意与否作为衡量村干部是否合格的标准，评议结果要与村干部的使用和补贴（工资）标准直接挂钩。对连续两次被评为不合格的村干部，是村党组织成员的，按党内有关规定处理；是村民委员会班子成员或村集体经济组织班子成员的，应责令其辞职，不辞职的应启动罢免程序；其他村务管理人员，由村民委员会召开村民会议或村民代表会议作出处理决定。

3. 建立和完善村干部的激励约束制度

要大力宣传、鼓励和表彰积极推行村务公开和民主管理的干部，切实维护和保障村干部的合法权益。对在村级重大事务决策和管理中违反程序，独断专行，以及因工作失误造成重大损失，或村务公开不及时、不全面、弄虚作假、侵犯农民民主权利的干部，村民会议或村民代表会议有权提出批评并要求限期改正；对拒不改正的，是村党组织班子成员的，按党内有关规定给予相应的党纪处分，是村民委员会班子成员的，依法予以罢免。

六、进一步加强对村务公开和民主管理工作的领导

1. 加强组织领导

各级党委和政府要以求真务实的精神，把推进村务公开和民主

管理作为关系农村改革、发展和稳定的一件大事来抓，并与增加农民收入、加强农村社会主义精神文明建设和党的建设等各项工作紧密结合起来，使之相互促进、共同提高。各省（自治区、直辖市）党委和政府要及时研究分析村务公开和民主管理工作情况，提出指导性意见。县（市）党委和政府要制定具体的实施意见，常抓不懈。要把推进村务公开和民主管理作为考核评比民主法治示范村、“五个好”村党组织、“五个好”乡镇党委和农村基层组织建设先进县（市）的一项重要内容，通过严格考核，促进村务公开和民主管理制度的进一步落实。

2. 健全领导体制和工作机制

各地要建立健全党委和政府统一领导、有关部门共同参与、民政部门组织协调的领导体制和工作机制，并保证开展工作的必要人员和经费。各有关部门要在各自职责范围内支持和引导村党组织、村民委员会、村集体经济组织做好村务公开和民主管理方面的工作。共青团、妇联和计划生育协会要动员农村青年、妇女、计划生育协会会员积极参与村务公开和民主管理活动。村务公开协调机构要及时掌握工作动态，加强沟通和协调。新闻媒体要加强舆论引导和监督。要通过培育典型、示范引导、专项检查等多种形式，积极探索推进村务公开和民主管理的有效途径。

3. 明确县乡党委和政府的责任

健全和完善村务公开和民主管理制度，县、乡党委和政府是关键。要建立党政领导责任制，把村务公开和民主管理作为基层干部政绩考核的重要内容，并不断完善考核评价办法。要加大督促检查力度，及时受理群众来信、来访和申诉，及时化解社会矛盾，维护农村稳定。要加大培训力度，加强对新任村组干部、农村财会人员、民主理财小组成员和村民代表的培训，提高他们的政策水平和依法办事能力，使他们善于用说服的方法、示范的方法、服务的方法推动农村工作。要切实加强农村精神文明建设和思想政治工作。积极引导农民群众参与村务公开和民主管理的实践活动，在实践中学会正确行使民主权利。坚决制止利用宗教、宗族、家族势力干预基层经济社会事务管理的行为。

4. 充分发挥农村基层党组织的领导核心作用

要健全村党组织领导的充满活力的村民自治机制，把坚持党的领导、充分发扬民主、切实依法办事有机统一于农村社会主义民主实践之中。村党组织要领导和支持农民群众依法参与村级事务管理，监督村务公开和民主管理制度的落实，及时听取群众的意见，不断完善制度、改进工作。农村党员特别是党员干部要发挥先锋模范作用，尊重农民群众的民主权利，带头执行村务公开和民主管理制度。村民委员会、村集体经济组织和其他村级组织要在村党组织领导下，团结广大农民群众，齐心协力做好村务公开和民主管理工作，促进农村各项事业全面发展。

2004 年 8 月 30 日

上海市实施《中华人民共和国村民委员会组织法》办法

上海市人民代表大会常务委员会公告

第51号

《上海市实施〈中华人民共和国村民委员会组织法〉办法》已由上海市第十四届人民代表大会常务委员会第三十五次会议于2017年2月22日修订通过，现予公布，自2017年5月1日起施。

上海市人民代表大会常务委员会

2017年2月22日

（2000年9月22日上海市第十一届人民代表大会常务委员会第二十二次会议通过；根据2017年2月22日上海市第十四届人民代表大会常务委员会第三十五次会议修订）

第一章　总　则

第一条　根据《中华人民共和国村民委员会组织法》，结合本市实际，制定本办法。

第二条　村民委员会是村民自我管理、自我教育、自我服务、自我监督的基层群众性自治组织，实行民主选举、民主决策、民主管理、民主监督。

村民委员会向村民会议、村民代表会议负责并报告工作。

第三条 中国共产党在农村的基层组织，按照中国共产党章程进行工作，发挥领导核心作用，领导和支持村民委员会行使职权；依照宪法和法律，支持和保障村民开展自治活动、直接行使民主权利。

第四条 本市建立健全以村党组织为核心，村民委员会为主导，村民为主体，村务监督委员会、村集体经济组织、驻村企业事业单位、群众团体、社会组织等共同参与的村级治理体系。

第五条 乡、镇人民政府指导、支持、帮助村民委员会依法开展自治活动，但是不得干预依法属于村民自治范围内的事项，不得侵占或者违规处置村、村民小组集体财产。

村民委员会协助乡、镇人民政府开展工作。

第六条 村民委员会的设立、撤销、范围调整、更名，由乡、镇人民政府提出，经村民会议讨论通过，报区人民政府批准后实施。

村民委员会可以根据村民居住状况、集体土地所有权关系等分设若干村民小组。村民小组的撤销、范围调整、更名，由村民委员会提出，经村民小组会议讨论通过，报乡、镇人民政府审核同意后实施，其中涉及村民委员会范围调整的，适用前款规定。

村民委员会、村民小组撤销或者范围调整的，应当按照规定的程序先行对村、村民小组集体资产清产核资、明晰产权，并制定集体资产处置方案。集体资产处置方案应当符合市、区有关规定，并经村民会议、村民小组会议分别讨论通过，报乡、镇人民政府审核同意后实施。

第七条 村民委员会应当尊重和支持本村集体经济组织依法独立开展经济活动，做好本村生产经营的服务和协调等工作。

村集体经济组织根据法律法规和本组织章程的规定，可以将本组织的收益按一定比例用于本村公共事务和公益事业。

村民委员会与本村集体经济组织实行分账管理。

第二章　村民委员会的组成和职责

第八条　村民委员会由主任、副主任和委员共三至七人组成，按照《上海市村民委员会选举办法》选举产生。

第九条　村民委员会根据人民调解、综合治理、公共卫生与计划生育、文化体育、老年人和妇女儿童权益保障等工作需要设立若干委员会。村民委员会成员可以兼任下属委员会的成员。人口少的村的村民委员会可以不设下属委员会，由村民委员会成员分工负责有关工作。

第十条　村民委员会应当履行下列职责：

（一）宣传和贯彻宪法、法律、法规和国家政策，建立健全村民开展自治活动的各项制度，教育和督促村民履行法律、法规规定的义务、遵守村民自治章程和村规民约，维护村民的合法权益；

（二）召集村民会议、村民代表会议，执行村民会议、村民代表会议的决定；

（三）编制并实施本村发展规划和年度计划，发展文化教育，普及科技知识，促进男女平等，做好计划生育工作，调解矛盾纠纷；

（四）办理本村的公共事务和公益事业，动员和组织村民、驻村企业事业单位、非本村户籍居民等参与农村社区建设，支持服务性、公益性、互助性社会组织依法开展活动；

（五）教育引导村民、非本村户籍居民增进团结、互相尊重、互相帮助，开展多种形式的社会主义精神文明建设活动；

（六）做好本村财务管理工作，建立预算、决算制度，实现收支平衡；

（七）协助人民政府做好本村社区公共服务、公共管理、公共安全等有关工作；

（八）向人民政府反映村民的意见、要求和提出建议；

（九）法律、法规规定应当由村民委员会履行的其他职责。

区人民政府应当建立行政事务委托村民委员会的准入、退出制度，编制村民委员会依法协助行政事务清单。

第十一条 村民小组设组长一名，由村民小组会议在本组有选举权和被选举权的村民中推选或者投票选举产生，任期与村民委员会的任期相同，可以连选连任。

本组三分之一以上有选举权的村民或者户的代表联名，可以提出罢免村民小组组长的要求，并说明罢免理由。罢免村民小组组长，应当有本组三分之二以上有选举权的村民或者户的代表投票，并应当经投票的村民或者户的代表过半数通过。被提出罢免的村民小组组长有权提出申辩。

推选、选举或者罢免村民小组组长的村民小组会议由村民委员会召集。

第十二条 村民小组组长主持召开村民小组会议，执行村民小组会议的决定，办理本组相关事项，向村民委员会反映本组村民的意见、要求和提出建议，向本组村民传达村民委员会的有关决定，协助村民委员会办理本村的公共事务和公益事业，完成村民委员会布置的任务。

第三章 村民会议和村民代表会议

第十三条 村民会议由本村十八周岁以上的村民组成。

村民会议由村民委员会召集。有十分之一以上的村民或者三分之一以上的村民代表提议，应当召集村民会议。召集村民会议，应当提前十日通知村民并公布会议议题和议程。

第十四条 召开村民会议，应当有本村十八周岁以上村民的过半数，或者本村三分之二以上的户的代表参加。村民会议所作决定应当经到会人员的过半数通过。法律对召开村民会议及作出决定另有规定的，依照其规定。

召开村民会议，根据需要可以邀请乡、镇人民政府职能机构、驻村企业事业单位、群众团体、社会组织和非本村户籍居民等派代表列席。

第十五条 村民会议审议村民委员会的年度工作报告，评议村民委员会成员的工作；有权撤销或者变更村民委员会、村民代表会议不适当的决定。

涉及村民利益的下列事项，应当经村民会议讨论决定：

（一）制定、修改村民自治章程、村规民约；

（二）推选村务监督委员会成员；

（三）村民委员会成员和其他参与村务工作人员的报酬、补贴方案；

（四）本村发展规划和年度计划；

（五）本村财务预算、决算和收支情况报告；

（六）法律、法规规定或者村民会议认为应当由村民会议讨论决定的其他事项。

法律、法规对讨论决定村集体经济组织财产和成员权益的事项另有规定的，依照其规定。

第十六条 村民会议可以授权村民代表会议审议村民委员会的

年度工作报告，评议村民委员会成员的工作，撤销或者变更村民委员会不适当的决定，讨论决定除制定、修改村民自治章程、村规民约以外的事项。

村民会议向村民代表会议授权，应当通过召开村民会议或者书面征求村民意见的形式进行，或者在村民自治章程中予以明确。采用书面征求意见形式的，应当由村民委员会向本村全体十八周岁以上村民或者全体户的代表征求，过半数的十八周岁以上村民或者三分之二以上户的代表实名向村民委员会反馈意见的，征求意见程序有效。村民或者户的代表的同意意见超过反馈意见的半数的，方可进行授权。

第十七条 人数较多或者居住分散的村，可以设立村民代表会议。村民代表由村民按每五户至十五户推选一人，或者由各村民小组推选若干人产生。村民代表的人数不得少于三十五人。

村民代表的任期与村民委员会的任期相同，可以连选连任；推选村民代表的户或者村民小组认为村民代表不称职或者不能履职的，可以按原推选方式予以更换。任何组织和个人不得指定、委派或者随意更换村民代表。

村民代表应当向其推选户或者村民小组负责，接受村民监督，与村民保持密切联系，及时向村民传达村民代表会议的决定，动员村民遵守、执行；及时向村民委员会或者村民代表会议反映村民的意见、要求和提出建议。

第十八条 村民代表会议由村民委员会成员和村民代表组成，村民代表应当占村民代表会议组成人员的五分之四以上，妇女村民代表应当占村民代表会议组成人员的三分之一以上。

村民代表会议由村民委员会召集，一般每季度召开一次，必要时可以随时召开。有五分之一以上的村民代表提议，应当召集村民代表会议。村民代表会议有三分之二以上的组成人员参加方可召开，所作决定应当经到会的村民代表会议组成人员的过半数通过。

召开村民代表会议，根据需要可以邀请驻村企业事业单位、群众团体、社会组织和非本村户籍居民等派代表列席。

村民委员会应当在村民代表会议召开十日以前通知村民代表并公布会议议题和议程。村民代表应当在会前征求村民的意见和建议，并在村民代表会议上如实反映。

第十九条　村民小组会议由村民小组组长召集，讨论决定涉及本组村民利益的事项。本组三分之一以上年满十八周岁的村民或者户的代表提议的，应当召集村民小组会议。

召开村民小组会议，应当有本组三分之二以上年满十八周岁的村民或者户的代表参加，所作决定应当经到会人员的过半数通过。

第二十条　制定和修改村民自治章程、村规民约，应当广泛征求村民的意见，经村民会议讨论通过后报乡、镇人民政府备案。

村民自治章程一般包括制定章程的目的和依据，村民会议和村民代表会议的会议制度，村民委员会的成员分工、工作制度和下设工作机构，村民小组的划分，村民的权利和义务，村干部和村民的行为规范等内容。

村规民约一般针对村民福利、房屋管理、租赁管理、环境卫生、社会治安、精神文明建设、奖惩措施等事项逐一约定。

第二十一条　村民自治章程、村规民约以及村民会议或者村民代表会议的决定不得与宪法、法律、法规和国家的政策相抵触，不得有侵犯村民的人身权利、民主权利和合法财产权利的内容。

村民自治章程、村规民约以及村民会议或者村民代表会议的决定违反前款规定的，由乡、镇人民政府责令改正。

村民应当遵守法律、法规和国家的政策，遵守村民自治章程、村规民约，执行村民会议、村民代表会议的决定，履行村民应尽的义务。

第四章　民主管理和民主监督

第二十二条　村民委员会应当实行少数服从多数的民主决策机制和公开透明的工作原则，建立健全各项工作制度。

第二十三条　村民委员会实行村务公开制度。村务公开应当及时，内容应当真实、完整、清楚。

村民委员会应当在便于村民阅览的地点设置固定的村务公开栏，并可以采用会议、广播、视频和互联网等村务公开形式。

下列村务事项应当公布：

（一）村民委员会成员的分工；

（二）村务监督委员会的组成及村务监督情况；

（三）村民委员会的年度工作目标；

（四）本村贯彻落实国家有关政策情况；

（五）村民委员会财务收支、预算、决算及其管理的资产、资金、资源等情况；

（六）村民委员会成员和其他参与村务工作人员的报酬和补贴情况；

（七）政府拨付和接受社会捐赠的救灾救助、补贴补助等资金、物资的管理使用情况；

（八）村民委员会、村务监督委员会的工作报告；

（九）村民委员会协助人民政府开展工作情况；

（十）经村民会议、村民代表会议讨论决定的其他事项及其实施情况；

（十一）涉及本村村民利益、村民普遍关心的或者法律、法规规定应当公布的其他事项。

前款规定事项中，一般事项至少每季度公布一次；集体财务往来较多的，财务收支情况应当每月公布一次；涉及村民利益的重大事项应当随时公布。

村民小组可以在便于本组村民阅览的地点设立组务公开栏，及时公布本组村民普遍关心的事项。

第二十四条 村民对村务公开内容有疑义的，可以直接向村民委员会查询或者提出意见，也可以通过村务监督委员会向村民委员会查询。村民委员会不能当场答复的，应当在十五日内作出答复。

经村务监督委员会同意，村民可以在专业人员的指导下查阅有关账目。

第二十五条 村应当设立村务监督委员会。村务监督委员会由村民会议或者村民代表会议推选三至七名村民组成。村务监督委员会决定事项，实行少数服从多数的原则。

村务监督委员会成员中应当有具备财会、管理专业知识的人员。村民委员会成员和村集体经济组织管理人员及其近亲属、村财务人员，不得担任村务监督委员会成员。

村务监督委员会的任期与村民委员会的任期相同，其成员可以连选连任。村务监督委员会应当每年定期向村民会议或者村民代表会议报告工作，接受村民会议或者村民代表会议对其履行职责情况的民主评议和监督。

本村五分之一以上有选举权的村民或者三分之一以上的村民代表认为村务监督委员会成员不称职或者不能履行职责的，可以按原推选方式予以罢免。

村务监督委员会成员出缺的，经村民会议或者村民代表会议决定，可以按照原推选得票多少的顺序依次递补或者按原推选方式补选。

第二十六条 村务监督委员会应当履行下列职责：

（一）监督村级重大事项的决策程序和落实情况；

（二）监督村务公开制度的落实情况；

（三）监督村民自治章程、村规民约的执行情况；

（四）监督村民委员会成员履行职责及廉洁自律情况；

（五）监督、检查、审核村民委员会的相关资产、资金、资源的管理使用情况；

（六）参与制定村民委员会各项财务管理制度并监督制度的落实情况；

（七）村民会议或者村民代表会议赋予的其他监督职责。

村务监督委员会成员列席村民委员会会议、村民代表会议等有关会议，有权查阅与监督事项有关的资料，有权对村务事项和村民委员会成员履行职责情况进行询问。

村民委员会的决定与村民会议、村民代表会议的决定相违背或者有重大错误的，村务监督委员会应当提出改正意见。经指出后不改正的，村务监督委员会可以建议召开村民会议或者村民代表会议，村民委员会应当自收到建议之日起十五日内召集村民会议或者村民代表会议就有关事项进行审议。村民委员会逾期不召集村民会议或者村民代表会议的，由村务监督委员会召集村民会议或者村民代表会议审议有关事项，并报乡、镇人民政府备案。

第二十七条　村民委员会应当自觉接受村民的监督，支持村务监督委员会依法履行职责，对村民和村务监督委员会提出的意见、建议，应当及时作出答复。

第二十八条　村民委员会及其成员有下列行为之一的，村民和村务监督委员会有权向乡、镇人民政府或者区人民政府及其有关部门反映：

(一) 不及时公布应当公布的事项或者公布的事项不真实的；

(二) 无正当理由不执行村民会议或者村民代表会议的决定的；

(三) 对应当由村民会议或者村民代表会议决定的事项擅自作出决定或者处理的；

(四) 对村民、村务监督委员会成员打击报复的。

乡、镇人民政府或者区人民政府及其有关部门对村民和村务监督委员会反映的前款所列行为，应当负责调查核实。查证属实的，应当责令公布或者改正；发现违法行为的，应当依法追究有关人员的责任。

第二十九条　村民委员会成员以及由村民委员会承担工作报酬的聘用人员，应当接受村民会议或者村民代表会议对其履行职责情况的民主评议。民主评议每年至少进行一次，由村务监督委员会主持，民主评议结果应当及时向村民公布。

民主评议结果与评议对象的使用和工作报酬等直接挂钩。村民委员会成员连续两次被评议为不称职的，其职务自行终止；由村民委员会承担工作报酬的聘用人员连续两次被评议为不称职的，由村民委员会依法予以解聘。

第三十条 村民委员会和村务监督委员会应当建立村务档案，依法按照归档范围进行收集、整理、立卷、管理。村务档案应当真实、准确、完整、规范，并有专人负责。

第三十一条 村民委员会成员实行任期和离任经济责任审计，审计包括下列事项：

（一）本村财务收支情况；

（二）本村债权债务情况；

（三）政府拨付和接受社会捐赠的资金、物资管理使用情况；

（四）本村建设项目的发包管理以及公益事业建设项目招标投标情况；

（五）本村资金管理使用以及本村资源的承包、租赁、担保、出让情况，征地补偿费的使用、分配情况；

（六）法律、法规规定或者本村五分之一以上年满十八周岁的村民要求审计的其他事项。

村民委员会成员的任期和离任经济责任审计，由区人民政府农业、财政部门或者乡、镇人民政府负责组织，可以委托社会审计机构进行。审计结果应当公布，其中离任经济责任审计结果应当在下一届村民委员会选举之前公布。

第五章　农村社区建设

第三十二条 村民委员会协助乡、镇人民政府加强农村基础设施、基本公共服务设施、服务管理信息化平台建设，引导社会各方参与农村社区建设，建立村民自我服务与政府公共服务、社会公益服务相结合的农村社区服务体系。

第三十三条 村民委员会应当围绕本村的公共事务和公益事业等事项，组织村民、村集体经济组织、驻村企事业单位、群众团体、社会组织、非本村户籍居民和其他利益相关方，邀请相关政府部门，开展形式多样的农村社区民主协商。

第三十四条 村民委员会应当加强农村文化设施建设，传承乡贤文化，弘扬公序良俗，保护非物质文化遗产，培育发展群众文化，丰富农村文化生活。

第三十五条 村民委员会应当加强农村人居环境建设，倡导和培育节约意识、环保意识和生态意识，发动村民和驻村企事业单位等开展公共空间、公共设施、公共绿化的管理维护行动，推动村民形成爱护环境、节约资源的生活习惯、生产方式和良好风气。

第三十六条 村民委员会纳入乡、镇网格化综合管理体系，加强与乡、镇网格化管理的协同联动，协助乡、镇人民政府对影响农村秩序和妨碍公共管理、公共安全的违法行为实施综合治理。

第三十七条 村民委员会应当协助有关部门推进农村公共法律服务体系建设，加强农村社区法治宣传教育。引导村民自觉尊法、学法、守法、用法，依法反映诉求和解决矛盾纠纷。

区人民政府应当加强民主法治示范村建设，推进建立村民委员会法律顾问制度。

第六章 村民自治的保障

第三十八条 本市建立村级自我积累与公共财政补助相结合的村级组织基本运转经费保障制度，保障村民委员会承担的人员工作报酬、村办公经费、基本公共服务和管理经费。村集体经济收入保障村级组织基本运转经费的不足部分，由区和乡、镇财政予以保障，并由区人民政府建立保障标准动态调整机制。

第三十九条　本市各级人民政府对村民委员会协助政府开展公共服务、公共管理、公共安全等工作，应当提供必要的工作条件和经费支持，给予工作指导；政府有关部门委托村民委员会开展工作所需经费由委托部门承担。

第四十条　市和区民政部门以及乡、镇人民政府应当加强对村民委员会成员、村务监督委员会成员、村民小组组长、村民代表的教育培训，提高其履职能力。

乡、镇人民政府应当根据本地区经济社会发展水平和农村人均可支配收入情况，结合工作岗位、工作绩效等，提出村民委员会成员工作报酬方案的指导意见。

第四十一条　市人民代表大会常务委员会、区人民代表大会及其常务委员会和乡、镇人民代表大会在本行政区域内保证《中华人民共和国村民委员会组织法》和本办法的实施，保障村民依法行使自治权利。

第四十二条　市和区民政、农业等部门，应当在同级人民政府的领导下做好《中华人民共和国村民委员会组织法》和本办法实施的有关工作。

第四十三条　村民委员会及其成员违反本办法规定，经村务监督委员会指出后拒不改正或者村务监督委员会无法发挥监督作用的，由乡、镇人民政府责令改正，通报批评；构成犯罪的，依法追究刑事责任。村民委员会成员被判处刑罚的，其职务自行终止。

第四十四条　政府职能部门及其工作人员违反本办法规定，由本级人民政府或者上级主管部门予以批评教育，责令改正；

情节较重的，依法予以行政处分；构成犯罪的，依法追究刑事责任。

第七章　附　则

第四十五条　本办法有关乡、镇人民政府职责的规定，适用于辖区内设村的街道办事处。

第四十六条　本办法自 2017 年 5 月 1 日起施行。

村民委员会选举规程

民政部关于印发《村民委员会选举规程》的通知

民发〔2013〕76号

各省、自治区、直辖市民政厅（局），新疆生产建设兵团民政局：

为加强对村民委员会换届选举工作的指导，深入推进以直接选举、公正有序为基本要求的村民委员会选举工作实践，根据《中华人民共和国村民委员会组织法》和有关政策规定，在总结各地经验的基础上，我们制定了《村民委员会选举规程》，现印发你们，供在实际工作中参考。本规程明确了村民委员会选举程序和场地要求，《村民委员会选举程序》（MT/028—2012）和《村民委员会选举场地要求》（MT/029—2012）同时废止。

村民委员会选举中的重大问题请及时报告。

中华人民共和国民政部

2013年5月2日

第一章　村民选举委员会的产生

一、推选村民选举委员会

村民选举委员会主持村民委员会的选举。

村民选举委员会由主任和委员组成，由村民会议、村民代表会议或者村民小组会议推选产生，实行少数服从多数的议事原则。

村民选举委员会的人数应当根据村民居住状况、参加选举村民的多少决定，不少于三人，以奇数为宜。村民之间有近亲属关系的，不宜同时担任村民选举委员会成员。

村民委员会应当及时公布选举委员会主任和委员名单，并报乡级人民政府或者乡级村民委员会选举工作指导机构备案。

二、村民选举委员会的任期

村民选举委员会的任期，自推选组成之日起，至新老村民委员会工作移交后终止。

三、村民选举委员会成员的变动

村民选举委员会成员被提名为村民委员会成员候选人，应当退出村民选举委员会。

村民选举委员会成员退出村民选举委员会或者因其他原因出缺的，按照原推选结果依次递补，也可以另行推选。

村民选举委员会成员不履行职责，致使选举工作无法正常进行的，经村民会议、村民代表会议或者村民小组会议讨论同意，其职务终止。

村民选举委员会成员的变动，应当及时公布，并报乡级人民政府或者乡级村民委员会选举工作指导机构备案。

四、村民选举委员会的职责

村民选举委员会主要履行以下职责：

制定村民委员会选举工作方案；

宣传有关村民委员会选举的法律、法规和政策；

解答有关选举咨询；

召开选举工作会议，部署选举工作；

提名和培训本村选举工作人员；

公布选举日、投票地点和时间，确定投票方式；

登记参加选举的村民，公布参加选举村民的名单，颁发参选证；

组织村民提名确定村民委员会成员候选人，审查候选人参选资格，公布候选人名单；

介绍候选人，组织选举竞争活动；

办理委托投票手续；

制作或者领取选票、制作票箱，布置选举大会会场、分会场或者投票站；

组织投票，主持选举大会，确认选举是否有效，公布并上报选举结果和当选名单；

建立选举工作档案，主持新老村民委员会的工作移交；

受理申诉，处理选举纠纷；

办理选举工作中的其他事项。

村民委员会选举工作方案应当由村民会议或者村民代表会议讨论通过，并报乡级人民政府或者乡级村民委员会选举工作指导机构备案。

第二章　选举宣传

一、宣传内容

村民选举委员会应当就以下内容开展宣传：

宪法有关内容，《中华人民共和国村民委员会组织法》，本省（自治区、直辖市）有关村民委员会选举的法规；

中央和地方有关村民委员会选举的政策和规定；

村民委员会选举中村民的权利与义务；

县、乡两级政府村民委员会选举的工作方案；

本村选举工作方案；

其他有关选举事项。

二、宣传方式

村民选举委员会可以采取以下方式进行选举宣传：

广播、电视、报纸、互联网等；

宣传栏、宣传车、宣传单等；

选举宣传会议、选举咨询站；

标语、口号等。

第三章　登记参加选举的村民

一、公布选民登记日

选民登记日前，村民选举委员会应当发布公告，告知本届村民委员会选举的选民登记日。

二、登记对象

村民委员会选举前，应当对下列人员进行登记，列入参加选举的村民名单：

户籍在本村并且在本村居住的村民；

户籍在本村，不在本村居住，本人表示参加选举的村民；

户籍不在本村，在本村居住一年以上，本人申请参加选举，并且经村民会议或者村民代表会议同意参加选举的公民。

已在户籍所在村或者居住村登记参加选举的村民，不得再参加其他地方村民委员会的选举。经村民选举委员会告知，本人书面表示不参加选举的，不列入参加选举的村民名单。

依照法律被剥夺政治权利的人，不得参加村民委员会的选举。

三、登记方法

登记时，既可以村民小组为单位设立登记站，村民到站登记，也可由登记员入户登记。

村民选举委员会应当对登记参加选举的村民名单进行造册。

四、公布选民名单

村民选举委员会应当对登记参加选举的村民名单进行审核确认，并在选举日的二十日前公布。

对登记参加选举的村民名单有异议的，应当自名单公布之日起五日内向村民选举委员会申诉，村民选举委员会应当自收到申诉之日起三日内作出处理决定，并公布处理结果。

登记参加选举的村民名单出现变动的，村民选举委员会应当及时公布。

五、发放参选证

选举日前，村民选举委员会应当根据登记参加选举的村民名单填写、发放参选证，并由村民签收。投票选举时，村民凭参选证领取选票。

第四章　提名确定候选人

一、确定职位和职数

村民会议或者村民代表会议拟定村民委员会的职位和职数，村民选举委员会应当及时公布，并报乡级人民政府或者乡级村民委员会选举工作指导机构备案。

二、确定候选人人数

村民选举委员会应当根据村民委员会主任、副主任、委员的职数，分别拟定候选人名额。候选人名额应当多于应选名额。

三、提名确定候选人

村民委员会成员候选人，应当由登记参加选举的村民直接提名，根据拟定的候选人名额，按照得票多少确定。每一村民提名人数不得超过拟定的候选人名额。无行为能力或者被判处刑罚的，不得提名为候选人。

候选人中应当有适当的妇女名额，没有产生妇女候选人的，以得票最多的妇女为候选人。

四、公布候选人名单

村民选举委员会应当以得票多少为序，公布候选人名单，并报乡级村民委员会选举工作指导机构备案。

候选人不愿意接受提名的，应当及时向村民选举委员会书面提出，由村民选举委员会确认并公布。候选人名额不足时，按原得票多少依次递补。

村民委员会选举，也可以采取无候选人的方式，一次投票产生。

第五章　选举竞争

一、选举竞争的组织

村民选举委员会应当组织候选人与村民见面，由候选人介绍履职设想，回答村民提问。选举竞争应当在村民选举委员会的主持和监督下，公开、公平、公正地进行。村民选举委员会应当对候选人的选举竞争材料进行审核把关。

二、选举竞争的时间

选举竞争活动一般在选举日前进行。候选人在选举日可进行竞职陈述，其他选举竞争活动不宜在当日开展。确有需要的，由村民选举委员会决定并统一组织。

三、选举竞争的形式

村民选举委员会可以组织以下形式的选举竞争活动：

在指定地点公布候选人的选举竞争材料；

组织候选人与村民见面并回答村民问题；

有闭路电视的村，可以组织候选人在电视上陈述；

其他形式。

四、选举竞争的内容

选举竞争材料和选举竞职陈述主要包括以下内容：

候选人的基本情况；

竞争职位及理由；

治村设想；

对待当选与落选的态度。

第六章　投票选举

一、确定投票方式

村民委员会投票选举，可采取以下两种方式：

召开选举大会；

设立投票站。

采取选举大会方式的，可以组织全体登记参加选举的村民集中统一投票；也可以设立中心选举会场，辅之以分会场分别投票。采取投票站方式的，不再召开选举大会，村民在投票站选举日开放时间内自由投票。

选举大会可以设置流动票箱，但应当严格控制流动票箱的使用。

具体投票方式，流动票箱的使用对象和行走路线，由村民代表会议讨论决定。

二、公布选举日、投票方式、投票时间和投票地点

村民选举委员会应当及时公布选举日、投票方式、投票时间和投票地点。

选举日和投票的方式、时间、地点一经公布，任何组织和个人不得随意变动和更改。如因不可抗力，或者无法产生候选人等因素，需要变更的，应当报乡级人民政府或者乡级村民委员会选举工作指导机构批准并及时公布。

三、办理委托投票

登记参加选举的村民，选举期间外出不能参加投票的，可以委托本村有选举权的近亲属代为投票。每一登记参加选举的村民接受

委托投票不得超过三人。提名为村民委员会候选人的，不得接受委托。

委托投票应当办理书面委托手续。村民选举委员会应当及时公布委托人和受委托人的名单。

受委托人在选举日凭书面委托凭证和委托人的参选证，领取选票并参加投票。受委托人不得再委托他人。

四、设计和印制选票

选票设计应当遵循明白易懂、科学合理和便于操作、便于统计的原则。县级民政部门可以统一设计选票样式。

村民选举委员会应当在乡级人民政府或者乡级村民委员会选举工作指导机构的指导下，根据选票样式，印制符合本村实际的选票。

选票印制后应当加盖公章并签封，选举日在选举大会或者投票站上，由选举工作人员当众启封。

五、确定选举工作人员

村民选举委员会应当依法依规提名选举工作人员，经村民代表会议讨论通过。选举工作人员包括总监票员、验证发票员、唱票员、计票员、监票员、代书员，投票站工作人员，流动票箱监票员等。

选举工作人员要有一定的文化水平和工作能力，遵纪守法、公道正派。候选人及其近亲属，不得担任选举工作人员。

采取选举大会投票的，选举工作人员名单应当在选举日前公布，并在选举大会上宣布；采用投票站形式投票的，应当在选举日前公布。

选举工作人员确定后，村民选举委员会应当对其进行培训。

六、布置会场或者投票站

村民选举委员会应当在选举日前布置好投票会场或者投票站。

投票会场应当按选举流程设计好领票、写票、投票的循环路线，方便村民投票。投票站的设定应当根据村民居住的集中情况和自然村或者村民小组的分布情况决定，并且应当设立一个中心投票站。

七、投票选举

（一）选举大会投票程序。

采取选举大会进行选举的，由村民选举委员会召集，村民选举委员会主任主持。流程如下：

宣布大会开始；

奏国歌；

报告本次选举工作进展情况；

宣布投票办法和选举工作人员；

候选人发表竞职陈述；

检查票箱；

启封、清点选票；

讲解选票；

根据需要派出流动票箱；

验证发票；

秘密写票、投票；

销毁剩余选票；

集中流动票箱，清点选票数；

检验选票；

公开唱票、计票；

当场公布投票结果；

封存选票，填写选举结果报告单；

宣布当选名单。

投票结束后，应当将所有票箱集中，将选票混在一起，由选举工作人员逐张检验、清点选票总数后，统一唱票、计票。难以确认的选票应当由监票人在公开唱计票前提交村民选举委员会讨论决定。

（二）投票站投票程序。

采取投票站方式选举的，由村民选举委员会主持。流程如下：

同时开放全部投票站；

各投票站工作人员当众检查票箱，并启封、清点选票；

验证发票；

村民秘密写票、投票；

关闭投票站，销毁剩余选票并密封票箱；

集中票箱，清点选票数；

7. 公开验票、唱票、计票；

8. 当场公布选举结果；

9. 封存选票，填写选举结果报告单；

10. 宣布当选名单。

八、选举有效性确认

选举村民委员会，有登记参加选举的村民过半数投票，选举有效。参加投票的村民人数，以从票箱收回的选票数为准。

有下列情形之一的，选举无效：

村民选举委员会未按照法定程序产生的；

候选人的产生不符合法律规定的；

参加投票的村民人数未过登记参加选举的村民半数的；

违反差额选举原则，采取等额选举的；

收回的选票多于发出选票的；

没有公开唱票、计票的；

没有当场公布选举结果的；

其他违反法律、法规有关选举程序规定的。

因村民选举委员会未按照法定程序产生而造成选举无效的，乡级村民委员会选举指导机构应当指导组织重新选举。因其他原因认定选举无效的，由村民选举委员会重新组织选举，时间由村民代表会议确定。

九、确认当选

候选人获得参加投票的村民过半数的选票，始得当选。获得过半数选票的人数超过应选名额时，以得票多的当选；如遇票数相等不能确定当选人时，应当就票数相等的人进行再次投票，以得票多的当选。

村民委员会主任、副主任的当选人中没有妇女，但委员的候选人中有妇女获得过半数选票的，应当首先确定得票最多的妇女当选委员，其他当选人按照得票多少的顺序确定；如果委员的候选人中没有妇女获得过半数选票的，应当从应选名额中确定一个名额另行选举妇女委员，直到选出为止，其他当选人按照得票多少的顺序确定。

选举结果经村民选举委员会确认有效后，须当场宣布，同时应当公布所有候选人和被选人所得票数。以暴力、威胁、欺骗、贿赂、伪造选票、虚报选举票数等不正当手段当选的，当选无效。

村民选举委员会应当在投票选举当日或者次日，公布当选的村民委员会成员名单，并报乡级人民政府备案。村民选举委员会无正当理由不公布选举结果的，乡级人民政府或者乡级村民委员会选举工作指导机构应当予以批评教育，督促其改正。

十、颁发当选证书

县级人民政府主管部门或者乡级人民政府，应当自新一届村民委员会产生之日起十日内向新当选的成员颁发统一印制的当选证书。

十一、另行选举

村民委员会当选人不足应选名额的，不足的名额另行选举。另行选举可以在选举日当日举行，也可以在选举日后十日内进行，具体时间由村民选举委员会确定。

另行选举的，第一次投票未当选的人员得票多的为候选人，候选人以得票多的当选，但得票数不得少于已投选票数的三分之一。

另行选举的程序与第一次选举相同。参加选举的村民以第一次登记的名单为准，不重新进行选民登记。原委托关系继续有效，但被委托人成为候选人的委托关系自行终止，原委托人可以重新办理委托手续。

经另行选举，应选职位仍未选足，但村民委员会成员已选足三人的，不足职位可以空缺。主任未选出的，由副主任主持工作；主任、副主任都未选出的，由村民代表会议在当选的委员中推选一人主持工作。

第七章　选举后续工作

一、工作移交

村民委员会应当自新一届村民委员会产生之日十日内完成工作移交。

原村民委员会应当依法依规将印章、办公场所、办公用具、集体财务账目、固定资产、工作档案、债权债务及其他遗留问题等，及时移交给新一届村民委员会。

移交工作由村民选举委员会主持，乡级人民政府监督。对拒绝移交或者无故拖延移交的，乡级人民政府应当给予批评教育，督促其改正。

二、建立选举工作档案

村民委员会选举工作结束后，应当及时建立选举工作档案，交由新一届村民委员会指定专人保管，至少保存三年以上。

选举工作档案包括：

村民选举委员会成员名单及推选情况材料；

村民选举委员会选举会议记录；

村民选举委员会发布的选举公告；

选民登记册；

候选人名单及得票数；

选票和委托投票书、选举结果统计、选举报告单；

选举大会议程和工作人员名单；

新当选的村民委员会成员名单；

选举工作总结；

其他有关选举的资料。

第八章　村民委员会成员的罢免和补选

一、罢免

本村五分之一以上有选举权的村民或者三分之一以上的村民代表联名，可以提出罢免村民委员会成员的要求，启动罢免程序。

罢免程序如下：

书面向村民委员会提出罢免要求，说明罢免理由；

召开村民代表会议，审议罢免要求；

被罢免对象进行申辩或者书面提出申辩意见；

召开村民会议，进行投票表决；

公布罢免结果。

罢免村民委员会主任的，由副主任主持村民会议投票表决，不设副主任的，由委员推选一人主持；罢免村民委员会副主任、委员的，由村民委员会主任主持。罢免村民委员会全体成员的，或者主任、副主任、委员不主持村民会议的，可在乡级人民政府指导下，由村民会议或者村民代表会议推选代表主持。

罢免村民委员会成员，须有登记参加选举的村民过半数投票，并须经投票的村民过半数通过。罢免获得通过的，被罢免的村民委员会成员自通过之日起终止职务，十日内办理工作交接手续。罢免未获通过的，六个月内不得以同一事实和理由再次提出罢免要求。

二、补选

村民委员会成员出缺，可以由村民会议或者村民代表会议进行补选。

村民委员会成员出缺的原因有：

职务自行终止；

辞职；

罢免。

村民委员会成员因死亡、丧失行为能力、被判处刑罚或者连续两次民主评议不称职，其职务自行终止。村民委员会成员因故辞职，应当书面提出申请，村民委员会应当在三十日内召开村民代表会议，决定是否接受其辞职。村民委员会成员连续两次提出辞职要求的，应当接受其辞职。村民代表会议可以决定对辞职的村民委员会成员进行离任经济责任审计。

补选程序，参照村民委员会选举投票程序。补选村民委员会个别成员的，由村民委员会主持；补选全体村民委员会成员的，由重新推选产生的村民选举委员会主持。补选时，村民委员会没有妇女成员的，应当至少补选一名妇女成员。

村民委员会成员职务自行终止、因故辞职，以及补选结果，村民委员会应当及时公告，并报乡级人民政府备案。

村务监督委员会成员、村民代表和村民小组长的推选可以参照本规程办理。

附　录

北京市村民委员会选举办法

（2000 年 9 月 22 日北京市十一届人大常委会第 21 次会议通过，根据 2012 年 9 月 28 日北京市十三届人大常委会第 35 次会议修订，由北京市人民代表大会常务委员会公告第 26 号公布，自 2012 年 11 月 1 日起施行。）

第一章　总　则

第一条　为规范村民委员会选举，保障村民依法行使民主权利，根据《中华人民共和国村民委员会组织法》，结合本市实际，制定本办法。

第二条　村民委员会主任、副主任和委员，由本村有选举权的村民直接选举产生。任何组织或者个人不得指定、委派或者撤换村民委员会成员。

第三条　村民委员会由主任、副主任和委员共三至七人组成，至少有一名妇女成员。村民委员会成员的具体人数和妇女成员所担任的职位由村民会议或者村民代表会议决定。

第四条　村民委员会每届任期三年，届满应当举行换届选举。村民委员会成员可以连选连任。

第五条　村民委员会的换届选举工作由市人民政府统一部署。区、县和乡、民族乡、镇人民政府负责组织和指导选举工作的具体实施。

第六条　中国共产党在农村的基层组织，按照《中国共产党章程》，在村民委员会选举工作中发挥领导核心作用，依照宪法和有关法律、法规，支持和保障村民直接行使民主权利。

第七条　村民委员会的选举经费由村自行解决，确有困难的，乡、民族乡、镇人民政府应当给予适当补助。

各级人民政府组织指导村民委员会选举工作所需经费由同级财政安排。

第二章　选举工作机构

第八条　村民委员会选举期间，市和区、县人民政府成立负责村民委员会选举工作的机构，组织领导下级人民政府指导村民委员会选举工作。

乡、民族乡、镇人民政府成立村民委员会选举工作指导机构，负责制定本辖区村民委员会选举工作实施方案，部署选举工作，动员村民依法参加选举，协助确认登记参加选举的村民资格等工作。

第九条　村民委员会的选举工作由村民选举委员会主持。村民选举委员会由主任和委员共五至九人组成，由村民会议或者村民代表会议、各村民小组会议推选产生。

村民选举委员会成员名单应当及时向村民公告，并报乡、民族乡、镇人民政府备案。

第十条　村民选举委员会履行下列职责：

（一）宣传选举的目的、意义和有关法律、法规；

（二）制定选举工作实施方案；

（三）确定和培训选举工作人员；

（四）审查、登记并公布参加选举的村民名单；

（五）组织提名村民委员会成员候选人，审查候选人资格，确定并公布候选人名单，组织宣传介绍候选人；

（六）确定并公告选举日期、投票方式、投票地点和投票时间；

（七）主持选举大会，组织选举投票、公开计票，认定疑难选票，确认选举效力，公布选举结果，并报乡、民族乡、镇人民政府备案；

（八）受理有关选举工作的申诉；

（九）主持村民委员会的工作移交；

（十）总结选举工作，整理、建立选举工作档案；

（十一）办理其他选举工作事项。

村民选举委员会遵循少数服从多数的议事原则。

村民选举委员会履行职责，从组成之日起至完成村民委员会工作交接之日止。

第十一条 村民选举委员会成员不依法履行职责的，经村民会议、村民代表会议或者推选其为村民选举委员会成员的村民小组会议讨论决定，予以免职。乡、民族乡、镇村民委员会选举工作指导机构对不依法履行职责的村民选举委员会成员，可以提出免职建议。

村民选举委员会成员被提名为村民委员会成员候选人，应当退出村民选举委员会。

村民选举委员会因故出现缺额，按照原推选结果依次递补；没有候补人选的，也可另行推选。

第三章　参加选举村民的登记

第十二条　年满十八周岁的村民，不分民族、种族、性别、职业、家庭出身、宗教信仰、教育程度、财产状况、居住期限，都有选举权和被选举权；但是，依照法律被剥夺政治权利的人除外。

村民的年龄计算到选举日为止。

第十三条　村民委员会选举前，应当对下列人员进行登记，列入参加选举村民名单：

（一）户籍在本村并且在本村居住的村民；

（二）户籍在本村，不在本村居住，本人表示参加选举的村民；

（三）原为本村农业户籍，现已转为非农业户籍，但仍在本村居住或者工作，并且未参加居民委员会选举，经村民会议或者村民代表会议同意参加选举的人员；

（四）户籍不在本村，在本村居住或者工作一年以上，本人申请参加选举，并且经村民会议或者村民代表会议同意参加选举的公民。

已在户籍所在地或者居住地登记参加选举的人员，不得再参加其他地方村民委员会选举。

第十四条　村民有下列情形之一，经村民选举委员会确认，不列入参加选举的村民名单：

（一）丧失行为能力的；

（二）依照法律被剥夺政治权利的；

（三）登记期间，经公告、电话、信函等多种方式确实无法取得联系的。

选举日前，以上情形消失的，经村民选举委员会确认，应当列人参加选举的村民名单。

第十五条 登记参加选举的村民名单应当在选举日的二十日前由村民选举委员会张榜公布。村民对登记参加选举的村民名单有异议的，应当自名单公布之日起五日内向村民选举委员会提出申诉；村民选举委员会应当自收到申诉之日起三日内作出书面处理决定，并公布处理结果。

对登记参加选举的村民，由村民选举委员会发给参选证。

第四章 候选人的产生

第十六条 村民委员会成员候选人，由登记参加选举的村民直接提名产生。村民选举委员会应当组织召开候选人提名会议，投票产生候选人。提名会议应当有登记参加选举的村民过半数参加。

村民委员会主任、副主任、委员候选人数应当分别多于应选名额一至二人，按照获得提名得票多少的顺序确定。

每个登记参加选举的村民提名的候选人人数，不得超过应选名额。

第十七条 村民提名村民委员会成员候选人，应当从全体村民利益出发，推荐奉公守法、品行良好、公道正派、热心公益、具有一定文化水平和工作能力的村民为候选人。

第十八条 具有《中华人民共和国村民委员会组织法》第十八条规定情形的，不提名为村民委员会成员候选人。

前款规定以外的严重违反法律、法规，或者被依法限制人身自由客观上不能履行村民委员会成员职责的村民，经村民会议或者村民代表会议决定，不提名为村民委员会成员候选人。

第十九条 村民选举委员会应当在选举日前组织村民委员会成

员候选人与村民见面，向登记参加选举的村民介绍候选人情况，由候选人介绍履行职责的设想，回答村民提出的问题。

第二十条 村民委员会成员候选人名单应当在选举日的五日前，按照获得提名票数多少的顺序张榜公布。

第五章 投票选举

第二十一条 村民选举委员会应当在选举日前做好以下准备工作：

（一）制定投票办法，公布投票选举的具体时间和地点；

（二）准备选票和票箱，布置选举大会会场和投票站，设立发票处和秘密写票处；

（三）确定和培训监票人、唱票人、计票人、代书人及其他选举工作人员；

（四）其他选举事务工作。

村民委员会成员候选人及其配偶、直系亲属不得担任监票人、唱票人、计票人、代书人和其他选举工作人员。

第二十二条 选举村民委员会，可以采取一次投票选举主任、副主任和委员的方式；也可以采取分次投票选举主任、副主任和委员的方式。具体选举方式，由村民选举委员会根据多数登记参加选举村民的意见在选举方案中确定。

第二十三条 投票选举时，应当由村民选举委员会主持召开选举大会。村民选举委员会应当根据村民居住状况和便于组织选举的原则，设立中心投票会场和若干投票站。对老年人、残疾人等因行动困难不便到会场或者投票站投票的，可以设立流动票箱。每个投票站或者流动票箱必须有三名以上监票人负责。

第二十四条 选举现场应当设立代书处。

投票时，村民自己不能填写选票的，可以委托代书人代写。代书人不得违背委托人的意愿。

任何人不得强制村民委托代书人填写选票。

村民及代书人填写选票，其他人不得围观和干预。

第二十五条 登记参加选举的村民，选举期间外出不能参加投票的，可以书面委托本村具有选举权的近亲属代为投票，委托投票手续应当在投票选举日前办理。

每一村民接受委托投票不得超过三人。受委托人应当按照委托人的意愿填写选票和投票。村民委员会成员候选人不得接受他人委托代为投票。

村民选举委员会应当公布委托人和受委托人的名单，并在发票时查验委托书。

第二十六条 村民委员会选举采取无记名投票方式。登记参加选举的村民对候选人可以投赞成票、反对票或者另选他人，也可以弃权。

第二十七条 投票选举前，村民选举委员会应当核实参加选举的人数；投票结束后，所有投票箱应当立即集中到选举大会会场，当众开箱，公开唱票、计票，当场公布选举结果。

第二十八条 选举村民委员会，有登记参加选举的村民过半数投票，选举有效。

每次选举所投的票数，等于或者少于投票人数的有效，多于投票人数的无效；每一选票所选的人数，等于或者少于应选名额的有效，多于应选名额的无效。选票无法辨认的，经村民选举委员会认定，作废票处理。废票计入选票总数。

第二十九条 候选人获得参加投票的村民过半数的选票，始得当选。获得过半数选票的候选人人数多于应选名额时，以得票多者当选。如遇票数相同，无法确定当选人时，应当就得票相同的候选人再次投票，以得票多者当选。

第三十条 当选的村民委员会成员人数少于应选名额时，应当在十五日内就不足的名额另行选举。

另行选举时，根据第一次投票时得票多少的顺序，差额确定候选人。候选人以得票多者当选，但得票数不得少于已投选票总数的三分之一。

另行选举后，当选人数超过三人并已选出村民委员会主任，但仍不足应选名额时，经村民会议或者村民代表会议决定，可以不再另行选举。

第三十一条 村民选举委员会确认选举有效后，当场公布选举结果，并报乡、民族乡、镇人民政府备案。

第三十二条 村民委员会应当自新一届村民委员会产生之日起十日内，向新一届村民委员会完成公共财物、集体财务账目、债权债务凭证、档案资料、印章等工作移交。工作移交由村民选举委员会主持，由乡、民族乡、镇人民政府监督。

第六章 罢免、辞职和补选

第三十三条 村民委员会成员受村民监督。

本村五分之一以上有选举权的村民或者三分之一以上的村民代表联名，可以提出罢免村民委员会成员的要求。罢免要求和理由应当以书面形式同时向村民委员会和村务监督委员会提出。村民委员会应当在接到罢免要求之日起三十日内，就罢免理由和联名情况进行调查核实，并依法召集登记参加选举的村民进行无记名投票表决。村务监督委员会应当对村民委员会成员的罢免工作进行监督。

村民委员会逾期不召集登记参加选举的村民投票表决罢免要求的，乡、民族乡、镇人民政府可以督促村民委员会召集；经督促仍不召集的，乡、民族乡、镇人民政府可以召集登记参加选举的村民投票表决。

乡、民族乡、镇人民政府对严重违反国家法律、法规受到处罚的村民委员会成员，可以向村民委员会提出罢免建议。

第三十四条 登记参加选举的村民讨论表决罢免要求时，被提出罢免的村民委员会成员有权出席会议并提出申辩意见。

罢免村民委员会成员，须有登记参加选举的村民过半数投票，并须经参加投票的村民过半数通过。表决的程序和方法适用本办法规定的选举程序和方法。表决结果当日公布，并报乡、民族乡、镇人民政府备案。

罢免未获通过的，届期内以同一事实和理由再次提出罢免要求的，村民委员会可以不再核查处理，但应当说明理由。

第三十五条 村民委员会成员要求辞职的，应当以书面形式向村民委员会提出，由村民委员会召集村民会议或者村民代表会议讨论决定，并予以公告。

第三十六条 村民委员会成员因罢免、辞职、职务终止等原因出现缺额，可以由村民会议或者村民代表会议进行补选。补选结果当日公布，并报乡、民族乡、镇人民政府备案。补选程序参照《中华人民共和国村民委员会组织法》和本办法有关规定办理。

补选的村民委员会成员，其任期到本届村民委员会任期届满为止。

第七章　监督管理

第三十七条　本市区、县、乡、民族乡、镇人民代表大会和市、区、县人民代表大会常务委员会对村民委员会选举进行监督、检查，保证《中华人民共和国村民委员会组织法》和本办法在本行政区域内的贯彻实施。

第三十八条　对下列行为，村民有权向乡、民族乡、镇的人民代表大会和人民政府或者区、县的人民代表大会常务委员会和人民政府及其有关主管部门举报，乡、民族乡、镇或者区、县人民政府应当及时调查并依法处理；违反治安管理规定的，由公安机关依法处理；构成犯罪的，依法追究刑事责任：

（一）以暴力、威胁、欺骗、诬告、诽谤等不正当手段，妨害村民行使选举权和被选举权，破坏村民委员会选举的；

（二）直接或者指使他人，以财物或者其他利益贿赂登记参加选举的村民、选举工作人员或者其他有关人员的；

（三）伪造选举文件，涂改、伪造、毁坏选票或者虚报选票数的；

（四）擅自调整、变更村民委员会成员候选人或者指定、委派、撤换村民委员会成员的；

（五）对控告、检举村民委员会选举中违法行为或者提出罢免村民委员会成员要求的人进行压制、打击报复的；

（六）无正当理由拖延村民委员会换届选举的；

（七）其他干扰、妨碍选举工作正常进行的。

以暴力、威胁、欺骗、贿赂、伪造选票、虚报选举票数等不正当手段当选村民委员会成员的，乡、民族乡、镇或者区、县人民政府调查确认后，宣布当选无效。

第八章　附　则

第三十九条　辖区范围内有村的街道办事处，在村民委员会选举中履行本办法规定的应当由乡、民族乡、镇人民政府履行的职责。

第四十条　本办法自 2012 年 11 月 1 日起施行。

甘肃省村民委员会选举办法

（1998年12月11日甘肃省第九届人民代表大会常务委员会第七次会议通过）

第一条 为了规范村民委员会选举工作，保障村民依法行使民主权利，根据《中华人民共和国村民委员会组织法》，结合本省实际，制定本办法。

第二条 村民委员会由主任、副主任和委员三至七人组成，具体名额由村民会议或者村民代表会议提出方案，报乡（镇）人民政府批准，并由乡（镇）人民政府报县（市、区）民政部门备案。

村民委员会成员中，至少要有一名妇女成员，多民族村民居住的村还应当有人数较少的民族的成员。两个以上自然村联合设立村民委员会的，其成员分布应当考虑村落状况。

村民委员会成员之间有近亲属关系的，应当实行回避。

第三条 村民委员会选举，应当坚持公平、公正、公开的原则，依照法定程序进行。

村民委员会主任、副主任和委员由村民直接选举产生，任何组织或者个人不得指定、委派或者撤换。

第四条 村民委员会每届任期三年，届满应当及时换届。

村民委员会成员可以连选连任。

村民委员会换届选举工作由省人民政府统一部署，各级人民政府组织实施。因特殊原因需要提前或者延期换届的，由村民委员会提出申请，经村民会议或者村民代表会议讨论通过后，由管辖村的乡（镇）人民政府报县（市、区）人民政府批准。

提前或者延期选举的时间不超过六个月。

第五条 村民委员会换届选举所需工作经费，由各级人民政府财政专项拨付，任何组织和个人不得将其摊派给村民。

第六条 县（市、区）、乡（镇）人民政府在村民委员会换届选举期间，应分别成立村民委员会选举工作机构，指导本行政区域内的换届选举工作，并履行下列职责：

（一）宣传和贯彻有关选举工作的法律、法规和政策；

（二）制定选举工作方案和选举突发事件应急预案；

（三）培训选举工作人员；

（四）受理有关选举的申述、举报和信访工作；

（五）办理选举工作中的其他事宜。

第七条 村民委员会的选举，由村民选举委员会主持。村民选举委员会履行下列职责：

（一）开展换届选举宣传；

（二）确定选举工作人员；

（三）拟定换届选举方案并提请村民会议或者村民代表会议决定，确定并公布选举日期、地点和投票方法；

（四）组织选民登记，确认选民资格，公布选民名单；

（五）组织选民推选候选人，公布候选人名单；

（六）组织投票选举，公布选举结果并上报备案；

（七）总结换届选举工作，建立并移交选举档案；

（八）换届选举的其他工作。

第八条 村民选举委员会由主任和委员五至七人组成，在村民委员会主持下由村民会议、村民代表会议或者各村民小组会议推选产生。村民选举委员会名单应当及时向村民公布，并报乡（镇）村民委员会选举工作机构备案。

村民选举委员会的任期，自推选产生之日起至村民委员会完成工作移交时止。

第九条 召开村民选举委员会会议，应当有过半数的村民选举委员会成员参加。村民选举委员会议事实行少数服从多数的原则。

第十条 村民选举委员会成员被提名为村民委员会成员候选人的，应当退出村民选举委员会。村民选举委员会成员之间有近亲属关系的，应当有一方退出村民选举委员会。

第十一条 村民选举委员会成员出缺的，按照原推选结果依次递补，也可以另行推选。

第十二条 年满十八周岁的村民都有选举权和被选举权，依照法律被剥夺政治权利的人除外。村民年龄的计算从出生年月起至选举年月止。村民的出生年月以户籍登记为准，其他情况由村民选举委员会决定。

第十三条 村民委员会选举前，应当对下列人员进行登记，并列入参加选举的村民名单：

（一）户籍在本村并且在本村居住的村民；

（二）户籍在本村，不在本村居住，本人表示参加选举的村民；

（三）户籍不在本村，在本村居住一年以上或者在本村村级组织中任职一年以上，本人申请参加选举，经村民会议或者村民代表会议同意参加选举的公民。

已在户籍所在村或者居住村登记参加选举的村民，不得再参加其他地方的村民委员会选举。

第十四条 有下列情形之一的，经村民选举委员会确认，不列入参加选举的村民名单：

（一）依照法律被剥夺政治权利的；

（二）不能行使选举权利的精神病患者；

（三）本人明确表示不参加选举的。

第十五条 村民选举委员会应当在选举日的二十日前，公布登记参加选举的村民名单。

对登记参加选举的村民名单有异议的，应当自名单公布之日起五日内向村民选举委员会申诉，村民选举委员会应当自收到申诉之日起三日内作出处理决定，并公布处理结果。

第十六条 村民可以自荐村民委员会成员候选人，并在选举日的十日前向村民选举委员会提交自荐材料。村民选举委员会对自荐人进行资格审查后，于选举日的七日前以姓氏笔画为序公布自荐名单。

第十七条 村民委员会主任、副主任和委员候选人由村民选举委员会主持召开村民会议或者各村民小组会议，由过半数登记参加选举的村民直接提名。直接提名的候选人中，应当有适当数量的妇女候选人。每位村民提出的候选人人数不得超过应选名额。

多民族居住的村应当有一名人数较少的民族的成员候选人。

正式候选人按照提名得票多少从高到低依次确定，其中至少有一名妇女候选人。

第十八条 正式候选人名单由村民选举委员会确认提名有效并进行资格审查后，在选举日的五日前以职位得票多少为序公布。

本人不愿意被列为候选人的，应当自名单公布之日起三日内向村民选举委员会书面说明，村民选举委员会应当尊重其意愿并向村民公布。

候选人缺额时按照提名得票多少的顺序依次递补。

第十九条 村民选举委员会应当组织候选人在指定场所与村民会面，由候选人介绍履行职责的设想，回答村民提出的问题。

第二十条 村民委员会成员实行差额选举。主任、副主任候选人名额应当比应选名额多一人，委员候选人名额应当比应选名额多一至三人。

第二十一条 村民委员会选举可以一次性投票选举主任、副主任和委员，也可以分别投票选举主任、副主任和委员。

第二十二条 选举村民委员会应当召开选举大会，设立中心选举会场，在居住偏远的村组也可以设立分会场或者投票站，方便村民投票。

因老、弱、病、残、孕等原因不能到选举大会会场或者投票站投票的，经村民选举委员会提出，村民会议或者村民代表会议讨论决定可以设立流动票箱。村民选举委员会应当于选举日的两日前公布参加流动票箱投票的村民名单。

流动票箱应当安全、保密。每个票箱应当有三名以上选举工作人员负责，其中至少有一名村民选举委员会成员。

第二十三条 登记参加选举的村民，选举期间外出不能参加投票的，可以书面委托本村有选举权的村民代为投票。代为投票不得违背委托人的意愿。

被委托人应于选举日的三日前到村民选举委员会办理委托登记，村民选举委员会应当于选举日的两日前公布委托人和被委托人名单。

第二十四条 正式投票前，村民选举委员会应当将唱票人、计票人、监票人和公共代写人人选，交由参加选举的村民表决通过。村民委员会成员正式候选人及其近亲属不得参与唱票、计票、监票、公共代写等工作。

第二十五条 村民委员会选举实行无记名投票，公开计票。

因特殊原因不能填写选票的，可以委托公共代写人员代写，也可以委托其他人代写。代写人不得违背委托人的意愿。

第二十六条 选举村民委员会，有登记参加选举的村民过半数投票，选举有效。参加投票的村民人数按照收回的选票数计算。

每次选举收回的票数，等于或者少于发出的选票数，投票有效；多于发出的选票数，投票无效。

每一选票所选的人数，等于或者少于应选名额的，选票有效；多于应选名额的，选票无效。

第二十七条 选票书写模糊难以辨认的，由监票人提交村民选举委员会确认，经确认，仍然无法辨认的，该选票无效，但可以辨认的部分仍然有效。

采用一次性投票选举村民委员会成员的，同一张选票不得选同一候选人或者其他有选举权的村民担任两种以上的职务。

第二十八条 一次性投票选举村民委员会成员的，委员候选人的得票数，应当将其获得主任、副主任和委员的票数相加，计算为所得票数；副主任候选人的得票数，应当将其获得主任、副主任的票数相加，计算为所得票数。

第二十九条 村民委员会成员候选人或者其他有选举权的村民，获得参加投票的村民过半数的选票，始得当选。

第三十条 村民委员会成员的当选，按照得票多少的顺序确定。

获得过半数选票的人数中没有妇女当选的，应当先从得票多的妇女中确定一个名额另行选举。

获得过半数选票的人数少于应选名额时，获得过半数选票的当选，不足的名额另行选举；当选人中没有妇女的，另行选举时应当优先选举妇女成员。

第三十一条 当选的村民委员会成员之间有近亲属关系的，只保留其中职务最高的一人的职务；如果职务相同，则保留得票最多的一人的职务，其他当选人由村民选举委员会宣布当选无效。

第三十二条 候选人获得票数相等不能确定当选人的，应当在三日内对票数相等的人员再次投票，以得票多的当选。

当选人数不足应选名额的，应当在十日内就不足的名额另行选举。另行选举时，第一次投票未当选的人员得票多的为候选人，当选人所得票数不得少于已投选票总数的三分之一。

第三十三条 经过两次选举，当选人数仍不足应选名额但已达三人以上的，可以先组成村民委员会，主任暂缺的，由得票多的副主任代理工作；主任和副主任都暂缺的，由得票多的委员代理工作。

第三十四条 选举结果由村民选举委员会当场宣布，于当日或者次日予以公告，并报乡（镇）人民政府备案。

第三十五条 上届村民委员会应当自新一届村民委员会产生之日起十日内，将印章、办公场所、办公用具、集体财务账目、固定资产、债权债务及其他事项，移交给新一届村民委员会。工作移交由村民选举委员会主持，乡（镇）人民政府监督。

第三十六条 本村五分之一以上有选举权的村民或者三分之一以上的村民代表联名，可以提出罢免村民委员会成员的要求。罢免要求应当书面提出，并说明罢免理由，被提出罢免的村民委员会成员有权提出申辩意见。

对提出的罢免要求，村民委员会应当在三十日内召开村民会议进行无记名投票表决。

第三十七条　罢免村民委员会成员，应当有登记参加选举的村民过半数投票，并经投票的村民过半数通过方为有效。罢免结果应当予以公告。

罢免未获通过的，六个月内不得以同一事实和理由再次提出罢免要求。

第三十八条　罢免村民委员会主任或者全体村民委员会成员的，应当在县（市、区）人民政府主管部门和乡（镇）人民政府的指导下，由重新推选产生的村民选举委员会主持。

第三十九条　村民委员会成员丧失履行职务的行为能力或者被判处刑罚的，其职务自行终止。

村民委员会成员职务自行终止的，由村民委员会在一个月内予以公告，并报乡（镇）人民政府备案。

第四十条　村民委员会成员要求辞职的，应当书面向村民委员会提出，由村民会议或者村民代表会议按照少数服从多数的原则讨论决定。

第四十一条　村民委员会成员出缺，且本届村委会任期尚有一年以上的，可以由村民会议或者村民代表会议进行补选。补选主任、副主任由村民会议进行，补选委员可以由村民代表会议进行。

村民委员会成员不足三人时，应当在一个月内进行补选；已足三人但仍缺额的，是否补选，由村民委员会提出意见，经村民会议或者村民代表会议讨论决定。补选村民委员会个别成员的，由村民委员会主持；补选全体村民委员会成员的，由重新推选产生的村民选举委员会主持。

补选的村民委员会成员的任期至本届村民委员会任期届满时止。

第四十二条 村民对下列行为，有权向乡（镇）人民代表大会和人民政府或者县（市、区）人民代表大会常务委员会和人民政府及其有关主管部门举报，由乡（镇）人民政府或者县（市、区）人民政府负责调查并依法处理：

（一）以暴力、威胁、欺骗、诬告、诽谤等不正当手段妨碍村民行使选举权、被选举权的；

（二）本人或者指使他人贿赂登记参加选举的村民、候选人、选举工作人员的；

（三）涂改、伪造选票，虚报选票票数或者篡改选举结果的；

（四）妨碍村民选举委员会和选举工作人员履行职责的；

（五）对举报村民委员会选举中有违法行为的村民打击报复的。

第四十三条 有下列行为之一的，由相关人民政府责令改正，依法处理直接责任人：

（一）指定、委派或者撤换村民委员会成员候选人的；

（二）指定、委派或者撤换村民委员会成员的；

（三）违反法律、法规规定终止村民委员会成员职务的；

（四）无正当理由不组织或者拖延村民委员会换届选举的；

（五）以不正当手段妨碍村民委员会成员履行职责的；

（六）不在规定时限内完成工作移交的。

第四十四条 辖村的街道办事处依照本办法在村民委员会换届时，履行乡（镇）人民政府的职责。

第四十五条 本办法自2013年8月1日起施行。1998年12月11日省九届人大常委会第七次会议通过的《甘肃省村民委员会选举办法》同时废止。

黑龙江省村民委员会选举办法

（1999年10月20日黑龙江省第九届人民代表大会常务委员会第十二次会议通过；根据2002年6月13日黑龙江省第九届人民代表大会常务委员会第三十次会议《关于修改〈黑龙江省村民委员会选举办法〉的决定》修正；根据2017年4月7日黑龙江省第十二届人民代表大会常务委员会第三十三次会议修订）

第一章 总 则

第一条 为了规范村民委员会的选举工作，保障村民依法实行自治和行使民主权利，根据《中华人民共和国村民委员会组织法》，结合本省实际，制定本办法。

第二条 本省辖区内村民委员会的换届选举工作适用本办法。

第三条 全省村民委员会的换届选举工作由省人民政府统一部署，市（地）、县（市、区）、乡（镇）的人民政府负责组织实施。

县级以上人民政府民政部门负责指导辖区内村民委员会换届选举日常工作。县级以上人民政府农业、财政、公安、监察、信访等有关部门在各自职责范围内做好村民委员会换届选举保障工作。

村民委员会成员的任期和离任经济责任审计，由乡（镇）人民政府负责组织，由县级人民政府农业行政主管部门指导监督，其中离任经济责任审计结果应当在推选村民选举委员会成员工作开始前公布。

第四条 县级以上人民政府组织指导、培训村民委员会换届选举工作的经费纳入同级财政预算。

村民委员会自行解决选举经费，不足部分由县、乡两级人民政府财政给予补助。

任何组织和个人不得向村民摊派村民委员会换届选举工作经费。

第五条 村民委员会选举应当依法进行，遵循公开、公平、公正的原则。

第六条 村民委员会由主任、副主任、委员三至七人单数组成。具体人数由村民会议或者村民代表会议根据村型规模大小、人口数量、经济社会发展情况决定。

村民委员会成员中，应当有妇女成员，多民族村民居住的村应当有人数较少的民族的成员。

第七条 村民委员会成员由登记参加选举的村民采取无记名投票方式直接选举产生。任何组织或者个人不得指定、委派或者撤换村民委员会成员。

村民委员会每届任期三年，届满应当及时换届选举。村民委员会成员可以连选连任。

第八条 中国共产党在农村的基层组织，按照党章进行工作，发挥领导核心作用，领导和支持村民委员会行使职权；依照宪法和法律，支持和保障村民开展自治活动、直接行使民主权利。

第九条 县级以上人民代表大会及其常务委员会和乡（镇）人民代表大会、主席团，依法监督村民委员会选举工作。

第二章 选举工作机构

第十条 村民委员会换届选举前，各级人民政府应当成立村民委员会换届选举工作指导机构，指导机构主要履行下列职责：

（一）制定本级选举工作方案；

（二）宣传有关法律、法规、政策和换届选举纪律；

（三）培训选举工作指导机构人员；

（四）受理换届选举中的申诉、检举或者控告；

（五）总结和组织交流选举工作经验；

（六）办理换届选举工作中的其他事项。

第十一条 村民委员会的换届选举工作，在村党组织的领导下，由村民选举委员会主持。

村民选举委员会由主任和委员五至九人单数组成，其成员由村党组织组织召开村民会议、村民代表会议或者各村民小组会议，采取无记名投票的方式，按得票多少的顺序推选产生。村民选举委员会成员名单应当报乡（镇）人民政府村民委员会换届选举工作指导机构备案。

任何组织和个人不得擅自指定、委派或者撤换村民选举委员会成员。

村民选举委员会应当按照少数服从多数的原则决定有关选举事项。

村民选举委员会及其成员履行职责至新一届村民委员会、村务监督委员会产生，并完成工作移交时终止。

第十二条 村民选举委员会主要履行下列职责：

（一）制定具体换届选举实施方案，提名选举工作人员，经村民会议、村民代表会议或者各村民小组会议讨论通过并公布名单，报乡（镇）人民政府村民委员会换届选举工作指导机构备案；

（二）开展换届选举宣传动员工作，告知村民选举事项，解答有关选举的询问；

（三）公布选举的时间、地点和投票方式；

（四）培训选举工作人员；

（五）审查、确认村民参加选举的资格，登记并公布参加选举的村民名单；

（六）依法确定候选人名额，主持候选人推选工作，审查候选人资格，公布候选人名单，组织竞选活动；

（七）审查、确认委托投票申请，办理委托投票手续，公布委托人和受委托人名单；

（八）主持换届选举大会，组织投票选举，公布选举结果；

（九）组织推选村务监督委员会成员；

（十）主持村民委员会工作移交；

（十一）受理村民有关选举的检举和申诉；

（十二）总结上报有关村民委员会换届选举情况，建立选举工作档案；

（十三）办理选举工作中的其他事项。

第十三条　村民选举委员会成员不依法履行职责的，由村民选举委员会主任或者乡（镇）人民政府村民委员会换届选举工作指导机构提出免职建议，由推选其产生的村民会议、村民代表会议或者各村民小组会议讨论通过，终止其职务。

村民选举委员会成员两次擅自不参加村民选举委员会会议的，由村民选举委员会确认，其职务自行终止。

村民选举委员会成员被提名为村民委员会成员候选人的，应当退出村民选举委员会。

村民选举委员会成员退出村民选举委员会或者因其他原因出缺

的，按照原推选结果依次递补，或者另行推选。

第三章　选民登记

第十四条　年满十八周岁的村民，不分民族、种族、性别、职业、家庭出身、宗教信仰、教育程度、财产状况、居住期限，都有选举权和被选举权；但是，依照法律被剥夺政治权利者除外。

第十五条　村民委员会选举前，村民选举委员会应当对下列人员进行登记，列入参加选举的村民名单：

（一）户籍在本村并且在本村居住的村民；

（二）户籍在本村，不在本村居住，本人表示参加选举的村民；

（三）户籍不在本村，在本村居住一年以上，本人申请参加选举，并且经村民会议或者村民代表会议同意参加选举的公民。

已在户籍所在地或者居住地登记参加选举的村民，不得再登记参加其他地方村民委员会的选举。

第十六条　村民有下列情形之一的，由村民选举委员会确认，不列入参加选举的村民名单，不计入选民基数：

（一）不能准确表达自己意志的；

（二）本人表示不参加选举的；

（三）登记期间，经公告、电话等方式均无法与本人取得联系的。

第十七条　参加选举的村民的年龄计算的时间以选举日为准。参加选举的村民的出生日期以身份证为准，年满十八周岁尚未办理身份证的，以户口簿记载的日期为准。对出生日期有异议的，由公安机关予以核实。

第十八条　登记参加选举的村民名单应当在选举日的二十日前

在村民委员会和各村民小组所在地张榜公布，登记参加选举的村民在发放选票前领取参选证。

对公布的登记参加选举的村民名单有异议的，应当自名单公布之日起五日内向村民选举委员会申诉，村民选举委员会应当自收到申诉之日起三日内作出处理决定，并公布处理结果。对处理决定不服的，应当在三日内向乡（镇）人民政府村民委员会换届选举工作指导机构提出书面申诉，乡（镇）人民政府村民委员会换届选举工作指导机构应当在三日内协调村民选举委员会处理。

第四章　候选人的产生

第十九条　选举村民委员会成员，可以采取有候选人的方式或者无候选人的方式进行，具体方式由村民会议或者村民代表会议讨论决定。

第二十条　村民委员会成员候选人应当具备下列条件：

（一）符合本办法第十五条规定的已经登记参加选举的村民；

（二）遵纪守法、品行良好、公道正派、热心公益；

（三）具有一定的组织协调能力，一般应当具有初中以上学历。

第二十一条　采取有候选人方式选举村民委员会成员的，候选人由登记参加选举的村民直接提名。每一村民提名的候选人不得多于应选人数。

村民委员会主任、副主任候选人人数都应当比应选人数多一名；村民委员会委员候选人人数应当比应选人数多一至三名。当提名人选超出应选人数差额比例时，应当进行预选，确定候选人。

村民委员会成员候选人出现缺额的，从提名人选结果中按得票数多少依次递补。

候选人中应当有一名以上妇女人选。

第二十二条 村民委员会成员候选人确定后，村民选举委员会应当在选举日的五日前以得票多少为序张榜公布候选人名单。得票数相同的以姓名笔画为序进行公布。

第二十三条 村民选举委员会应当客观公正地向村民介绍候选人的情况，组织候选人同村民见面，由候选人阐述履职设想，回答村民提出的问题。可以安排候选人在投票选举前进行竞选演说。

候选人阐述履职设想或者竞选演说，应当实事求是，不得脱离本村实际，不得违背法律、法规、政策，不得诋毁他人。

候选人的履职设想或者竞选演说文稿应当有竞职承诺、履职承诺、辞职承诺，并且应当在候选人阐述履职设想或者竞选演说日的两日前送村民选举委员会审查、备案。

第二十四条 禁止候选人及他人有下列拉票贿选行为：

（一）使用金钱、有价证券、实物或者提供各种消费活动拉选票；

（二）指使他人贿赂村民或者选举工作人员；

（三）许诺当选后为投票人谋求不正当利益；

（四）可能影响选举结果的其他贿选行为。

第二十五条 采取无候选人方式选举村民委员会成员的，由登记参加选举的村民直接投票选举产生村民委员会主任、副主任和委员。

第二十六条 选举村民委员会主任、副主任和委员，可以同时选举，也可以分次投票先选主任，再选副主任，最后选委员。具体方式由村民选举委员会在本村具体换届选举实施方案中确定。

第五章　选举程序

第二十七条　村民选举委员会应当在选举日前完成以下工作：

（一）在选举日的十日前公告选举时间和投票地点；

（二）组织工作人员学习、了解、掌握选举程序；

（三）核实、公布参选人数；

（四）办理委托投票手续、公布委托人和受委托人；

（五）准备票箱和选票，布置选举会场；

（六）办理选举的其他准备事项。

村民委员会成员候选人及其近亲属不得担任监票人、唱票人、计票人等选举工作人员。

第二十八条　村民委员会的选举，应当在村民选举委员会主持下，采取召开选举大会的方式进行。

人口较多或者居住分散的村，可以设立中心投票站和若干分投票站。投票站应当设有选票发放处、代写处、秘密写票处和投票箱。投票箱应当符合安全保密要求，每个投票箱应当有三名以上监票人员负责监管。

村民选举委员会根据选举工作需要可以设立流动票箱。流动票箱仅限于行动不便等不能到选举中心会场或者投票站投票的登记参加选举的村民使用，由村民选举委员会成员带领两名以上工作人员到其住所接受投票。

乡（镇）人民政府应当派员到选举大会现场指导。

第二十九条　村民委员会的选举，采取无记名投票的方法，登记参加选举的村民凭参选证或者委托投票证领取选票，选票由登记参加选举的村民本人或者被委托人、代写人独立填写。

登记参加选举的村民在填写选票时，任何人不得接近秘密写票处或者以任何方式干扰、影响登记参加选举的村民填写选票。

第三十条 登记参加选举的村民不能填写选票的，由本人申请，经过村民选举委员会审核同意后，可以委托除候选人以外的登记参加选举的村民代为填写选票。代写选票不得违背委托人的意愿。每个登记参加选举的村民最多只能为三人代写选票。

登记参加选举的村民，选举期间外出不能参加投票的，由本人书面或者利用视频等可确信的方式提出申请，经村民选举委员会同意，可以委托候选人以外的本村有选举权的村民代为投票。每个有选举权的村民接受委托投票不得超过三人。

第三十一条 每个登记参加选举的村民在一次选举中只有一次投票权，对候选人可以投赞成票、投反对票、投弃权票，也可以另选其他登记参加选举的村民。

每张选票所选的人数等于或者少于应选名额的有效，多于应选名额的无效；经村民选举委员会确认，每张选票中无法辨认的部分和不按规定符号填写的部分无效。

全部无法辨认和不按规定符号填写的选票为废票，废票计入选票总数。

每次选举收回的选票等于或者少于投票人数的，选举有效；多于投票人数的，选举无效。

第三十二条 选举采取公开唱票、计票的方法。投票结束后，选举工作人员应当将所有票箱立即送到村民选举委员会指定的计票地点，当众开箱，公开唱票和计票，当场公布选举结果，并由监票人、唱票人、计票人记录签字。

第三十三条 选举村民委员会成员，有登记参加选举的村民过半数投票，选举有效；候选人或者另选人获得参加投票的村民过半数的选票，始得当选。获得过半数选票的候选人或者另选人多于应选名额时，以得票多者当选；得票相等，不能确定当选人时，应当对得票相等的候选人或者另选人重新投票，得票多者当选。

主任、副主任的当选人中有妇女的，委员的当选人按照得票多少的顺序确定；没有妇女的，委员的当选人按照下列原则确定：

（一）有妇女获得过半数选票的，应当首先确定得票最多的妇女当选，其他当选人按照得票多少的顺序确定；

（二）没有妇女获得过半数选票的，应当在委员的应选人数中留出一个名额用于另行选举妇女成员，其他当选人按照得票多少的顺序确定。

第三十四条 当选人数不足应选名额的，不足的名额另行选举。另行选举应当在本次选举日后的三十日内举行。另行选举时，按照未当选人得票多少的先后顺序确定候选人，上述人选中有不符合候选人条件的，可以由其他未当选人按照得票多少的先后顺序依次递补。另行选举的，以得票多者当选，但是所得票数不得少于已投选票总数的三分之一。

经过两次投票选举后，当选人数达到三人以上，仍然不足应选名额时，不足的名额可以暂缺。村民委员会主任暂缺的，由当选的副主任临时主持工作，直至选出主任为止。当选人数不足三人的，应当在二十日内召开村民会议或者由村民会议授权的村民代表会议，就不足的人数进行选举。

第三十五条 村民委员会成员之间实行近亲属关系回避制度。已选出的村民委员会成员之间有近亲属关系的，职务最高的一人当选；职务相同，得票最多的一人当选。

第三十六条 村民委员会选举结果经过村民选举委员会确认有效后，应当在投票选举日当天张榜公布，并于三日内形成书面的选举报告，上报乡（镇）人民政府和县级人民政府民政部门备案。选票由乡（镇）人民政府保管，期限三年。县级人民政府民政部门会同乡（镇）人民政府应当在收到选举报告的十五日内，向当选的村民委员会成员颁发全省统一印制的《当选证书》。

第三十七条 上一届村民委员会应当在新一届村民委员会产生之日向新一届村民委员会移交印章，并于十日内将村民委员会办公场所、办公用具、财务账册、固定资产、工作档案、债权债务等移交完毕。

村民委员会工作移交由村民选举委员会主持，乡（镇）人民政府监督。

第三十八条 村民或者其他公民对选举程序、选举结果有异议的，可以向乡（镇）人民政府或者乡（镇）人民代表大会主席团反映，由乡（镇）人民政府调查核实，并在接到反映后的三十日内作出书面处理决定。当事人对处理决定不服的，可以向县级人民政府或者县级人民代表大会常务委员会提出申诉，由县级人民政府调查核实，县级人民政府应当在三十日内作出书面处理决定。

第三十九条 村民委员会根据需要可以设立人民调解、治安保卫、公共卫生与计划生育、民政福利等委员会。村民委员会成立后应当在十五日内产生下属委员会成员和村民小组长、村民代表。

下属委员会成员由村民委员会提名，经村民代表会议表决通过。

村民小组长由村民小组会议推选产生。

村民代表由村民按每五户至十五户推选一人，或者由各村民小组推选若干人。村民代表的总数由村民会议确定，村民代表总数一般不得少于三十五人。

第四十条 新一届村民委员会产生之日起三十日内，村民选举委员会应当组织村民会议或者村民代表会议，从村民中推选产生村务监督委员会成员。

村务监督委员会成员由三至五人单数组成，其中主任一名，村务监督委员会成员任期与村民委员会成员相同，可以连选连任。

村务监督委员会应当有具备财会、管理知识的人员。村民委员会成员及其近亲属不得担任村务监督委员会成员。

第四十一条 在选举过程中，不得有下列行为：

（一）以威胁、欺骗、诽谤等不正当手段妨害村民行使选举权和被选举权；

（二）采取打砸抢夺票箱、阻拦投票、撕毁选票或者寻衅滋事等不正当手段破坏选举；

（三）伪造选举文件或者选票、涂改选票、虚报选举票数以及其他选举舞弊行为；

（四）对检举村民委员会选举中违法行为的村民进行打击报复；

（五）破坏村民委员会选举的其他违法行为。

第六章 罢免、辞职、职务终止与补选

第四十二条 本村五分之一以上有选举权的村民或者三分之一以上的村民代表联名，可以以书面形式向村务监督委员会提出罢免村民委员会成员的要求，并写明罢免理由。

村务监督委员会应当在收到罢免要求的三十日内召开村民会议，投票表决。村务监督委员会逾期不召开村民会议的，乡（镇）

人民政府应当督促、协助村民监督委员会召开村民会议投票表决。

村务监督委员会应当在投票表决罢免日十五日前公告罢免的事由、时间、地点。

第四十三条 村民会议在表决罢免村民委员会成员投票前，被提出罢免的村民委员会成员有权出席会议并提出申辩意见。

罢免村民委员会成员，须经有登记参加选举的村民过半数投票，并须经投票的村民过半数通过。被通过罢免的村民委员会成员，自通过之日起，终止职务，十日内办理工作交接手续。表决的程序和方法适用本办法的有关规定。罢免未能通过的，一年之内针对该村民委员会成员以同一事实和理由再次提出的罢免要求，不予受理。

第四十四条 村民委员会成员要求辞职的，应当以书面形式向村民委员会提出，村民委员会应当在收到辞职申请的十五日内召开村民会议或者村民代表会议讨论决定，并予以公布。

第四十五条 村民委员会成员任职期间有下列情形之一的，其职务自行终止：

（一）丧失行为能力的；

（二）被判处刑罚的；

（三）连续两次民主评议为不称职的。

第四十六条 村民委员会成员辞职、被罢免、职务终止或者由于其他原因缺额和需要补选的，村民委员会或者村务监督委员会应当在三日内报乡（镇）人民政府和县级人民政府民政部门备案。

村民委员会成员因当选人数不足、辞职、被罢免、职务终止或者其他原因出现缺额时，应当在三个月内，由村民会议或者村民代表会议进行补选。补选的程序、方法参照本办法的有关规定执行。

第七章　法律责任

第四十七条　违反本办法第二十三条第二款、第三款规定的，由村民选举委员会责令改正，情节严重的，取消其候选人资格。

第四十八条　违反本办法第二十四条规定的，乡（镇）人民政府或者县级人民政府有关部门应当予以制止，经乡（镇）人民政府或者县级人民政府调查核实，情况属实的，取消其候选人资格。确因贿选手段当选的，由负责调查的人民政府宣布其当选无效。

第四十九条　违反本办法第三十七条规定，村民委员会成员未按时进行村民委员会工作移交，造成村集体财产损失的，依法承担赔偿责任；妨害新一届村民委员会开展工作的，由公安机关依法处理；涉嫌犯罪的，依法追究刑事责任。

第五十条　违反本办法第四十一条规定和对提出罢免村民委员会成员要求的村民进行打击报复的，村民或者其他公民有权向乡（镇）人民代表大会、主席团和乡（镇）人民政府或者县级人民代表大会常务委员会和县级人民政府举报，乡（镇）人民政府和县级人民政府负责调查并依法处理；违反《中华人民共和国治安管理处罚法》的，由公安机关依法处理；构成犯罪的，依法追究刑事责任。

以不正当手段当选村民委员会成员的，由负责调查的人民政府宣布其当选无效。

第五十一条　乡（镇）人民政府或者县级人民政府有关部门及其工作人员有下列行为之一的，由上级人民政府或者有关主管部门责令改正；情节严重的，对其主管领导和有关责任人依据相关规定给予处分：

（一）擅自指定、调整、变更村民委员会成员候选人的；

（二）擅自停止村民委员会成员工作的；

（三）指定、委派、撤换村民委员会成员的；

（四）不及时组织村民委员会换届选举的；

（五）对举报或者发现的违法行为拒绝或者拖延调查处理的；

（六）违反本办法的其他行为。

第八章　附　则

第五十二条　辖区范围内有村的街道办事处，依照本办法规定的乡（镇）人民政府职责，组织村民委员会选举工作。

第五十三条　本办法所称近亲属包括配偶、父母、子女、兄弟姐妹、祖父母、外祖父母、孙子女、外孙子女。

第五十四条　本办法自 2017 年 5 月 1 日起施行。

中华人民共和国民族区域自治法

中华人民共和国主席令

第四十六号

《全国人民代表大会常务委员会关于修改〈中华人民共和国民族区域自治法〉的决定》已由中华人民共和国第九届全国人民代表大会常务委员会第二十次会议于2001年2月28日通过，现予公布，自公布之日起施行。

中华人民共和国主席　江泽民

2001年2月28日

（1984年5月31日第六届全国人民代表大会第二次会议通过；根据2001年2月28日第九届全国人民代表大会常务委员会第二十次会议《关于修改〈中华人民共和国民族区域自治法〉的决定》修正）

序　言

中华人民共和国是全国各族人民共同缔造的统一的多民族国家。民族区域自治是中国共产党运用马克思列宁主义解决我国民族问题的基本政策，是国家的一项基本政治制度。

民族区域自治是在国家统一领导下，各少数民族聚居的地方实行区域自治，设立自治机关，行使自治权。实行民族区域自治，体现了国家充分尊重和保障各少数民族管理本民族内部事务权利的精神，体现了国家坚持实行各民族平等、团结和共同繁荣的原则。

实行民族区域自治，对发挥各族人民当家作主的积极性，发展平等、团结、互助的社会主义民族关系，巩固国家的统一，促进民族自治地方和全国社会主义建设事业的发展，都起了巨大的作用。今后，继续坚持和完善民族区域自治制度，使这一制度在国家的社会主义现代化建设进程中发挥更大的作用。

实践证明，坚持实行民族区域自治，必须切实保障民族自治地方根据本地实际情况贯彻执行国家的法律和政策；必须大量培养少数民族的各级干部、各种专业人才和技术工人；民族自治地方必须发扬自力更生、艰苦奋斗精神，努力发展本地方的社会主义建设事业，为国家建设作出贡献；国家根据国民经济和社会发展计划，努力帮助民族自治地方加速经济和文化的发展。在维护民族团结的斗争中，要反对大民族主义，主要是大汉族主义，也要反对地方民族主义。

民族自治地方的各族人民和全国人民一道，在中国共产党的领导下，在马克思列宁主义、毛泽东思想、邓小平理论的指引下，坚持人民民主专政，坚持改革开放，沿着建设有中国特色社会主义的道路，集中力量进行社会主义现代化建设，发展社会主义市场经济，加强社会主义民主与法制建设，加强社会主义精神文明建设，加速民族自治地方经济、文化的发展，建设团结、繁荣的民族自治地方，为各民族的共同繁荣，把祖国建设成为富强、民主、文明的社会主义国家而努力奋斗。

《中华人民共和国民族区域自治法》是实施宪法规定的民族区域自治制度的基本法律。

第一章 总 则

第一条 中华人民共和国民族区域自治法，根据中华人民共和国宪法制定。

第二条 各少数民族聚居的地方实行区域自治。

民族自治地方分为自治区、自治州、自治县。

各民族自治地方都是中华人民共和国不可分离的部分。

第三条 民族自治地方设立自治机关，自治机关是国家的一级地方政权机关。

民族自治地方的自治机关实行民主集中制的原则。

第四条 民族自治地方的自治机关行使宪法第三章第五节规定的地方国家机关的职权，同时依照宪法和本法以及其他法律规定的权限行使自治权，根据本地方的实际情况贯彻执行国家的法律、政策。

自治州的自治机关行使下设区、县的市的地方国家机关的职权，同时行使自治权。

第五条 民族自治地方的自治机关必须维护国家的统一，保证宪法和法律在本地方的遵守和执行。

第六条 民族自治地方的自治机关领导各族人民集中力量进行社会主义现代化建设。

民族自治地方的自治机关根据本地方的情况，在不违背宪法和法律的原则下，有权采取特殊政策和灵活措施，加速民族自治地方经济、文化建设事业的发展。

民族自治地方的自治机关在国家计划的指导下，从实际出发，不断提高劳动生产率和经济效益，发展社会生产力，逐步提高各民族的物质生活水平。

民族自治地方的自治机关继承和发扬民族文化的优良传统，建设具有民族特点的社会主义精神文明，不断提高各民族人民的社会主义觉悟和科学文化水平。

第七条 民族自治地方的自治机关要把国家的整体利益放在首位，积极完成上级国家机关交给的各项任务。

第八条 上级国家机关保障民族自治地方的自治机关行使自治权，并且依据民族自治地方的特点和需要，努力帮助民族自治地方加速发展社会主义建设事业。

第九条 上级国家机关和民族自治地方的自治机关维护和发展各民族的平等、团结、互助的社会主义民族关系。禁止对任何民族的歧视和压迫，禁止破坏民族团结和制造民族分裂的行为。

第十条 民族自治地方的自治机关保障本地方各民族都有使用和发展自己的语言文字的自由，都有保持或者改革自己的风俗习惯的自由。

第十一条 民族自治地方的自治机关保障各民族公民有宗教信

仰自由。

任何国家机关、社会团体和个人不得强制公民信仰宗教或者不信仰宗教，不得歧视信仰宗教的公民和不信仰宗教的公民。

国家保护正常的宗教活动。

任何人不得利用宗教进行破坏社会秩序、损害公民身体健康、妨碍国家教育制度的活动。

宗教团体和宗教事务不受外国势力的支配。

第二章　民族自治地方的建立和自治机关的组成

第十二条　少数民族聚居的地方，根据当地民族关系、经济发展等条件，并参酌历史情况，可以建立以一个或者几个少数民族聚居区为基础的自治地方。

民族自治地方内其他少数民族聚居的地方，建立相应的自治地方或者民族乡。

民族自治地方依据本地方的实际情况，可以包括一部分汉族或者其他民族的居民区和城镇。

第十三条　民族自治地方的名称，除特殊情况外，按照地方名称、民族名称、行政地位的顺序组成。

第十四条　民族自治地方的建立、区域界线的划分、名称的组成，由上级国家机关会同有关地方的国家机关，和有关民族的代表充分协商拟定，按照法律规定的程序报请批准。

民族自治地方一经建立，未经法定程序，不得撤销或者合并；民族自治地方的区域界线一经确定，未经法定程序，不得变动；确实需要撤销、合并或者变动的，由上级国家机关的有关部门和民族自治地方的自治机关充分协商拟定，按照法定程序报请批准。

第十五条 民族自治地方的自治机关是自治区、自治州、自治县的人民代表大会和人民政府。

民族自治地方的人民政府对本级人民代表大会和上一级国家行政机关负责并报告工作，在本级人民代表大会闭会期间，对本级人民代表大会常务委员会负责并报告工作。各民族自治地方的人民政府都是国务院统一领导下的国家行政机关，都服从国务院。

民族自治地方的自治机关的组织和工作，根据宪法和法律，由民族自治地方的自治条例或者单行条例规定。

第十六条 民族自治地方的人民代表大会中，除实行区域自治的民族的代表外，其他居住在本行政区域内的民族也应当有适当名额的代表。

民族自治地方的人民代表大会中，实行区域自治的民族和其他少数民族代表的名额和比例，根据法律规定的原则，由省、自治区、直辖市的人民代表大会常务委员会决定，并报全国人民代表大会常务委员会备案。

民族自治地方的人民代表大会常务委员会中应当有实行区域自治的民族的公民担任主任或者副主任。

第十七条 自治区主席、自治州州长、自治县县长由实行区域自治的民族的公民担任。自治区、自治州、自治县的人民政府的其他组成人员，应当合理配备实行区域自治的民族和其他少数民族的人员。

民族自治地方的人民政府实行自治区主席、自治州州长、自治县县长负责制。自治区主席、自治州州长、自治县县长，分别主持本级人民政府工作。

第十八条 民族自治地方的自治机关所属工作部门的干部中，应当合理配备实行区域自治的民族和其他少数民族的人员。

第三章 自治机关的自治权

第十九条 民族自治地方的人民代表大会有权依照当地民族的政治、经济和文化的特点，制定自治条例和单行条例。自治区的自治条例和单行条例，报全国人民代表大会常务委员会批准后生效。自治州、自治县的自治条例和单行条例报省、自治区、直辖市的人民代表大会常务委员会批准后生效，并报全国人民代表大会常务委员会和国务院备案。

第二十条 上级国家机关的决议、决定、命令和指示，如有不适合民族自治地方实际情况的，自治机关可以报经该上级国家机关批准，变通执行或者停止执行；该上级国家机关应当在收到报告之日起六十日内给予答复。

第二十一条 民族自治地方的自治机关在执行职务的时候，依照本民族自治地方自治条例的规定，使用当地通用的一种或者几种语言文字；同时使用几种通用的语言文字执行职务的，可以以实行区域自治的民族的语言文字为主。

第二十二条 民族自治地方的自治机关根据社会主义建设的需要，采取各种措施从当地民族中大量培养各级干部、各种科学技术、经营管理等专业人才和技术工人，充分发挥他们的作用，并且注意在少数民族妇女中培养各级干部和各种专业技术人才。

民族自治地方的自治机关录用工作人员的时候，对实行区域自治的民族和其他少数民族的人员应当给予适当的照顾。

民族自治地方的自治机关可以采取特殊措施，优待、鼓励各种专业人员参加自治地方各项建设工作。

第二十三条 民族自治地方的企业、事业单位依照国家规定招收人员时，优先招收少数民族人员，并且可以从农村和牧区少数民族人口中招收。

第二十四条 民族自治地方的自治机关依照国家的军事制度和当地的实际需要，经国务院批准，可以组织本地方维护社会治安的公安部队。

第二十五条 民族自治地方的自治机关在国家计划的指导下，根据本地方的特点和需要，制定经济建设的方针、政策和计划，自主地安排和管理地方性的经济建设事业。

第二十六条 民族自治地方的自治机关在坚持社会主义原则的前提下，根据法律规定和本地方经济发展的特点，合理调整生产关系和经济结构，努力发展社会主义市场经济。

民族自治地方的自治机关坚持公有制为主体、多种所有制经济共同发展的基本经济制度，鼓励发展非公有制经济。

第二十七条 民族自治地方的自治机关根据法律规定，确定本地方内草场和森林的所有权和使用权。

民族自治地方的自治机关保护、建设草原和森林，组织和鼓励植树种草。禁止任何组织或者个人利用任何手段破坏草原和森林。严禁在草原和森林毁草毁林开垦耕地。

第二十八条 民族自治地方的自治机关依照法律规定，管理和保护本地方的自然资源。

民族自治地方的自治机关根据法律规定和国家的统一规划，对可以由本地方开发的自然资源，优先合理开发利用。

第二十九条 民族自治地方的自治机关在国家计划的指导下，根据本地方的财力、物力和其他具体条件，自主地安排地方基本建设项目。

第三十条 民族自治地方的自治机关自主地管理隶属于本地方的企业、事业。

第三十一条 民族自治地方依照国家规定，可以开展对外经济贸易活动，经国务院批准，可以开辟对外贸易口岸。

与外国接壤的民族自治地方经国务院批准，开展边境贸易。

民族自治地方在对外经济贸易活动中，享受国家的优惠政策。

第三十二条 民族自治地方的财政是一级财政，是国家财政的组成部分。

民族自治地方的自治机关有管理地方财政的自治权。凡是依照国家财政体制属于民族自治地方的财政收入，都应当由民族自治地方的自治机关自主地安排使用。

民族自治地方在全国统一的财政体制下，通过国家实行的规范的财政转移支付制度，享受上级财政的照顾。

民族自治地方的财政预算支出，按照国家规定，设机动资金，预备费在预算中所占比例高于一般地区。

民族自治地方的自治机关在执行财政预算过程中，自行安排使用收入的超收和支出的节余资金。

第三十三条 民族自治地方的自治机关对本地方的各项开支标准、定员、定额，根据国家规定的原则，结合本地方的实际情况，可以制定补充规定和具体办法。自治区制定的补充规定和具体办法，报国务院备案；自治州、自治县制定的补充规定和具体办法，须报省、自治区、直辖市人民政府批准。

第三十四条 民族自治地方的自治机关在执行国家税法的时候，除应由国家统一审批的减免税收项目以外，对属于地方财政收入的某些需要从税收上加以照顾和鼓励的，可以实行减税或者免税。自治州、自治县决定减税或者免税，须报省、自治区、直辖市人民政府批准。

第三十五条 民族自治地方根据本地方经济和社会发展的需要，可以依照法律规定设立地方商业银行和城乡信用合作组织。

第三十六条 民族自治地方的自治机关根据国家的教育方针，依照法律规定，决定本地方的教育规划，各级各类学校的设置、学制、办学形式、教学内容、教学用语和招生办法。

第三十七条 民族自治地方的自治机关自主地发展民族教育，扫除文盲，举办各类学校，普及九年义务教育，采取多种形式发展普通高级中等教育和中等职业技术教育，根据条件和需要发展高等教育，培养各少数民族专业人才。

民族自治地方的自治机关为少数民族牧区和经济困难、居住分散的少数民族山区，设立以寄宿为主和助学金为主的公办民族小学和民族中学，保障就读学生完成义务教育阶段的学业。办学经费和助学金由当地财政解决，当地财政困难的，上级财政应当给予补助。

招收少数民族学生为主的学校（班级）和其他教育机构，有条件的应当采用少数民族文字的课本，并用少数民族语言讲课；根据情况从小学低年级或者高年级起开设汉语文课程，推广全国通用的普通话和规范汉字。

各级人民政府要在财政方面扶持少数民族文字的教材和出版物

的编译和出版工作。

第三十八条 民族自治地方的自治机关自主地发展具有民族形式和民族特点的文学、艺术、新闻、出版、广播、电影、电视等民族文化事业，加大对文化事业的投入，加强文化设施建设，加快各项文化事业的发展。

民族自治地方的自治机关组织、支持有关单位和部门收集、整理、翻译和出版民族历史文化书籍，保护民族的名胜古迹、珍贵文物和其他重要历史文化遗产，继承和发展优秀的民族传统文化。

第三十九条 民族自治地方的自治机关自主地决定本地方的科学技术发展规划，普及科学技术知识。

第四十条 民族自治地方的自治机关，自主地决定本地方的医疗卫生事业的发展规划，发展现代医药和民族传统医药。

民族自治地方的自治机关加强对传染病、地方病的预防控制工作和妇幼卫生保健，改善医疗卫生条件。

第四十一条 民族自治地方的自治机关自主地发展体育事业，开展民族传统体育活动，增强各族人民的体质。

第四十二条 民族自治地方的自治机关积极开展和其他地方的教育、科学技术、文化艺术、卫生、体育等方面的交流和协作。

自治区、自治州的自治机关依照国家规定，可以和国外进行教育、科学技术、文化艺术、卫生、体育等方面的交流。

第四十三条 民族自治地方的自治机关根据法律规定，制定管理流动人口的办法。

第四十四条 民族自治地方实行计划生育和优生优育，提高各民族人口素质。

民族自治地方的自治机关根据法律规定，结合本地方的实际情况，制定实行计划生育的办法。

第四十五条 民族自治地方的自治机关保护和改善生活环境和生态环境，防治污染和其他公害，实现人口、资源和环境的协调发展。

第四章 民族自治地方的人民法院和人民检察院

第四十六条 民族自治地方的人民法院和人民检察院对本级人民代表大会及其常务委员会负责。民族自治地方的人民检察院并对上级人民检察院负责。

民族自治地方人民法院的审判工作，受最高人民法院和上级人民法院监督。民族自治地方的人民检察院的工作，受最高人民检察院和上级人民检察院领导。

民族自治地方的人民法院和人民检察院的领导成员和工作人员中，应当有实行区域自治的民族的人员。

第四十七条 民族自治地方的人民法院和人民检察院应当用当地通用的语言审理和检察案件，并合理配备通晓当地通用的少数民族语言文字的人员。对于不通晓当地通用的语言文字的诉讼参与人，应当为他们提供翻译。法律文书应当根据实际需要，使用当地通用的一种或者几种文字。保障各民族公民都有使用本民族语言文字进行诉讼的权利。

第五章 民族自治地方内的民族关系

第四十八条 民族自治地方的自治机关保障本地方内各民族都

享有平等权利。

民族自治地方的自治机关团结各民族的干部和群众，充分调动他们的积极性，共同建设民族自治地方。

第四十九条 民族自治地方的自治机关教育和鼓励各民族的干部互相学习语言文字。汉族干部要学习当地少数民族的语言文字，少数民族干部在学习、使用本民族语言文字的同时，也要学习全国通用的普通话和规范汉字。

民族自治地方的国家工作人员，能够熟练使用两种以上当地通用的语言文字的，应当予以奖励。

第五十条 民族自治地方的自治机关帮助聚居在本地方的其他少数民族，建立相应的自治地方或者民族乡。

民族自治地方的自治机关帮助本地方各民族发展经济、教育、科学技术、文化、卫生、体育事业。

民族自治地方的自治机关照顾本地方散居民族的特点和需要。

第五十一条 民族自治地方的自治机关在处理涉及本地方各民族的特殊问题的时候，必须与他们的代表充分协商，尊重他们的意见。

第五十二条 民族自治地方的自治机关保障本地方内各民族公民都享有宪法规定的公民权利，并且教育他们履行公民应尽的义务。

第五十三条 民族自治地方的自治机关提倡爱祖国、爱人民、爱劳动、爱科学、爱社会主义的公德，对本地方内各民族公民进行爱国主义、共产主义和民族政策的教育。教育各民族的干部和群众互相信任，互相学习，互相帮助，互相尊重语言文字、风俗习惯和宗教信仰，共同维护国家的统一和各民族的团结。

第六章　上级国家机关的职责

第五十四条　上级国家机关有关民族自治地方的决议、决定、命令和指示，应当适合民族自治地方的实际情况。

第五十五条　上级国家机关应当帮助、指导民族自治地方经济发展战略的研究、制定和实施，从财政、金融、物资、技术和人才等方面，帮助各民族自治地方加速发展经济、教育、科学技术、文化、卫生、体育等事业。

国家制定优惠政策，引导和鼓励国内外资金投向民族自治地方。

上级国家机关在制定国民经济和社会发展计划的时候，应当照顾民族自治地方的特点和需要。

第五十六条　国家根据统一规划和市场需求，优先在民族自治地方合理安排资源开发项目和基础设施建设项目。国家在重大基础设施投资项目中适当增加投资比重和政策性银行贷款比重。

国家在民族自治地方安排基础设施建设，需要民族自治地方配套资金的，根据不同情况给予减少或者免除配套资金的照顾。

国家帮助民族自治地方加快实用科技开发和成果转化，大力推广实用技术和有条件发展的高新技术，积极引导科技人才向民族自治地方合理流动。国家向民族自治地方提供转移建设项目的时候，根据当地的条件，提供先进、适用的设备和工艺。

第五十七条　国家根据民族自治地方的经济发展特点和需要，综合运用货币市场和资本市场，加大对民族自治地方的金融扶持力度。金融机构对民族自治地方的固定资产投资项目和符合国家产业政策的企业，在开发资源、发展多种经济方面的合理资金需求，应当给予重点扶持。

国家鼓励商业银行加大对民族自治地方的信贷投入，积极支持当地企业的合理资金需求。

第五十八条 上级国家机关从财政、金融、人才等方面帮助民族自治地方的企业进行技术创新，促进产业结构升级。

上级国家机关应当组织和鼓励民族自治地方的企业管理人员和技术人员到经济发达地区学习，同时引导和鼓励经济发达地区的企业管理人员和技术人员到民族自治地方的企业工作。

第五十九条 国家设立各项专用资金，扶助民族自治地方发展经济文化建设事业。

国家设立的各项专用资金和临时性的民族补助专款，任何部门不得扣减、截留、挪用，不得用以顶替民族自治地方的正常的预算收入。

第六十条 上级国家机关根据国家的民族贸易政策和民族自治地方的需要，对民族自治地方的商业、供销和医药企业，从投资、金融、税收等方面给予扶持。

第六十一条 国家制定优惠政策，扶持民族自治地方发展对外经济贸易，扩大民族自治地方生产企业对外贸易经营自主权，鼓励发展地方优势产品出口，实行优惠的边境贸易政策。

第六十二条 随着国民经济的发展和财政收入的增长，上级财政逐步加大对民族自治地方财政转移支付力度。通过一般性财政转移支付、专项财政转移支付、民族优惠政策财政转移支付以及国家确定的其他方式，增加对民族自治地方的资金投入，用于加快民族自治地方经济发展和社会进步，逐步缩小与发达地区的差距。

第六十三条 上级国家机关在投资、金融、税收等方面扶持民族自治地方改善农业、牧业、林业等生产条件和水利、交通、能源、通信等基础设施；扶持民族自治地方合理利用本地资源发展地方工业、乡镇企业、中小企业以及少数民族特需商品和传统手工业品的生产。

第六十四条 上级国家机关应当组织、支持和鼓励经济发达地区与民族自治地方开展经济、技术协作和多层次、多方面的对口支援，帮助和促进民族自治地方经济、教育、科学技术、文化、卫生、体育事业的发展。

第六十五条 国家在民族自治地方开发资源、进行建设的时候，应当照顾民族自治地方的利益，作出有利于民族自治地方经济建设的安排，照顾当地少数民族的生产和生活。国家采取措施，对输出自然资源的民族自治地方给予一定的利益补偿。

国家引导和鼓励经济发达地区的企业按照互惠互利的原则，到民族自治地方投资，开展多种形式的经济合作。

第六十六条 上级国家机关应当把民族自治地方的重大生态平衡、环境保护的综合治理工程项目纳入国民经济和社会发展计划，统一部署。

民族自治地方为国家的生态平衡、环境保护作出贡献的，国家给予一定的利益补偿。

任何组织和个人在民族自治地方开发资源、进行建设的时候，要采取有效措施，保护和改善当地的生活环境和生态环境，防治污染和其他公害。

第六十七条 上级国家机关隶属的在民族自治地方的企业、事业单位依照国家规定招收人员时，优先招收当地少数民族人员。

在民族自治地方的企业、事业单位，应当尊重当地自治机关的自治权，遵守当地自治条例、单行条例和地方性法规、规章，接受当地自治机关的监督。

第六十八条 上级国家机关非经民族自治地方自治机关同意，不得改变民族自治地方所属企业的隶属关系。

第六十九条 国家和上级人民政府应当从财政、金融、物资、技术、人才等方面加大对民族自治地方的贫困地区的扶持力度，帮助贫困人口尽快摆脱贫困状况，实现小康。

第七十条 上级国家机关帮助民族自治地方从当地民族中大量培养各级干部、各种专业人才和技术工人；根据民族自治地方的需要，采取多种形式调派适当数量的教师、医生、科学技术和经营管理人员，参加民族自治地方的工作，对他们的生活待遇给予适当照顾。

第七十一条 国家加大对民族自治地方的教育投入，并采取特殊措施，帮助民族自治地方加速普及九年义务教育和发展其他教育事业，提高各民族人民的科学文化水平。

国家举办民族高等学校，在高等学校举办民族班、民族预科，专门或者主要招收少数民族学生，并且可以采取定向招生、定向分配的办法。高等学校和中等专业学校招收新生的时候，对少数民族考生适当放宽录取标准和条件，对人口特少的少数民族考生给予特殊照顾。各级人民政府和学校应当采取多种措施帮助家庭经济困难的少数民族学生完成学业。

国家在发达地区举办民族中学或者在普通中学开设民族班，招收少数民族学生实施中等教育。

国家帮助民族自治地方培养和培训各民族教师。国家组织和鼓励各民族教师和符合任职条件的各民族毕业生到民族自治地方从事教育教学工作，并给予他们相应的优惠待遇。

第七十二条 上级国家机关应当对各民族的干部和群众加强民族政策的教育，经常检查民族政策和有关法律的遵守和执行。

第七章 附 则

第七十三条 国务院及其有关部门应当在职权范围内，为实施本法分别制定行政法规、规章、具体措施和办法。

自治区和辖有自治州、自治县的省、直辖市的人民代表大会及其常务委员会结合当地实际情况，制定实施本法的具体办法。

第七十四条 本法由全国人民代表大会通过，自 1984 年 10 月 1 日起施行。

附 录

国务院实施《中华人民共和国民族区域自治法》若干规定

中华人民共和国国务院令

第435号

《国务院实施〈中华人民共和国民族区域自治法〉若干规定》已经2005年5月11日国务院第89次常务会议通过，现予公布，自2005年5月31日起施行。

总理 温家宝

二〇〇五年五月十九日

第一条 为了帮助民族自治地方加快经济和社会的发展，增进民族团结，促进各民族共同繁荣，根据《中华人民共和国民族区域自治法》，制定本规定。

第二条 各级人民政府应当加强《中华人民共和国民族区域自治法》

以及相关法律、法规和民族政策的宣传教育，依法制订具体措施，保护少数民族的合法权益，妥善处理影响民族团结的问题，巩固和发展平等、团结、互助的社会主义民族关系，禁止破坏民族团结和制造民族分裂的行为。

第三条 维护祖国统一和民族团结是公民的职责和义务。

民族自治地方人民政府应当切实保障宪法和法律在本地方的遵守和执行，积极维护国家的整体利益。

第四条 各级人民政府应当积极开展促进民族团结进步的各项活动，对为民族团结进步事业作出突出贡献的单位和个人，给予表彰和奖励。

第五条 上级人民政府及其职能部门在制订经济和社会发展中长期规划时，应当听取民族自治地方和民族工作部门的意见，根据民族自治地方的特点和需要，支持和帮助民族自治地方加强基础设施建设、人力资源开发，扩大对外开放，调整、优化经济结构，合理利用自然资源，加强生态建设和环境保护，加速发展经济、教育、科技、文化、卫生、体育等各项事业，实现全面、协调、可持续发展。

第六条 国家实施西部大开发战略，促进民族自治地方加快发展。未列入西部大开发范围的自治县，由其所在的省级人民政府在职权范围内比照西部大开发的有关政策予以扶持。

第七条 上级人民政府应当根据民族自治地方的实际，优先在民族自治地方安排基础设施建设项目。

中央财政性建设资金、其他专项建设资金和政策性银行贷款，适当增加用于民族自治地方基础设施建设的比重。

国家安排的基础设施建设项目，需要民族自治地方承担配套资金的，适当降低配套资金的比例。民族自治地方的国家扶贫重点县和财政困难县确实无力负担的，免除配套资金。其中，基础设施建设项目属于地方事务的，由中央和省级人民政府确定建设资金负担比例后，按比例全额安排；属于中央事务的，由中央财政全额安排。

第八条 国家根据经济和社会发展规划以及西部大开发战略，优先在民族自治地方安排资源开发和深加工项目。在民族自治地方开采石油、天然气等资源的，要在带动当地经济发展、发展相应的服务产业以及促进就业等方面，对当地给予支持。

国家征收的矿产资源补偿费在安排使用时，加大对民族自治地方的投入，并优先考虑原产地的民族自治地方。

国家加快建立生态补偿机制，根据开发者付费、受益者补偿、破坏者赔偿的原则，从国家、区域、产业三个层面，通过财政转移支付、项目支持等措施，对在野生动植物保护和自然保护区建设等生态环境保护方面作出贡献的民族自治地方，给予合理补偿。

第九条 国家通过一般性财政转移支付、专项财政转移支付、民族优惠政策财政转移支付以及其他方式，充分考虑民族自治地方的公共服务支出成本差异，逐步加大对民族自治地方财政转移支付力度。上级人民政府有关部门各种专项资金的分配，应当向民族自治地方倾斜。

上级财政支持民族自治地方财政保证民族自治地方的国家机关正常运转、财政供养人员工资按时足额发放、基础教育正常经费支出。

上级人民政府出台的税收减免政策造成民族自治地方财政减收部分，在测算转移支付时作为因素给予照顾。

国家规范省级以下财政转移支付制度，确保国家对民族自治地方的转移支付、税收返还等优惠政策落实到自治县。

第十条 国家设立各项专用资金，扶助民族自治地方发展经济和社会各项事业。

中央财政设立少数民族发展资金和民族工作经费。资金规模随着经济发展和中央财政收入的增长逐步增加。地方财政相应设立并安排少数民族发展资金和民族工作经费。

第十一条 国家帮助民族自治地方拓宽间接和直接融资渠道，加大对民族自治地方的金融扶持力度。

国家合理引导金融机构信贷投向，鼓励金融机构积极支持民族自治地方重点建设和农村发展。上级人民政府安排的国际组织和国外政府赠款以及优惠贷款，在条件许可的情况下，向民族自治地方倾斜。

第十二条 国家完善扶持民族贸易、少数民族特需商品和传统手工业品生产发展的优惠政策，在税收、金融和财政政策上，对民族贸易、少数民族特需商品和传统手工业品生产予以照顾，对少数民族特需商品实行定点生产并建立必要的国家储备制度。

第十三条 国家鼓励与外国接壤的民族自治地方依法与周边国家开展区域经济技术合作和边境贸易。

经国务院批准，可以在与外国接壤的民族自治地方边境地区设立边境贸易区。

国家对边境地区与接壤国家边境地区之间的贸易以及边民互市贸易，采取灵活措施，给予优惠和便利。

第十四条 国家将边境地区建设纳入经济和社会发展规划，帮助民族自治地方加快边境地区建设，推进兴边富民行动，促进边境地区与内地的协调发展。

国家对巩固边防、边境安全具有重大影响的边境地区居民，在居住、生活、文化、教育、医疗卫生、环境保护等方面采取特殊措施，加大扶持力度。

第十五条 上级人民政府将人口较少民族聚居的地区发展纳入经济和社会发展规划，加大扶持力度，在交通、能源、生态环境保护与建设、农业基础设施建设、广播影视、文化、教育、医疗卫生以及群众生产生活等方面，给予重点支持。

第十六条 国家加强民族自治地方的扶贫开发，重点支持民族自治地方贫困乡村以通水、通电、通路、通广播电视和茅草房危房改造、生态移民等为重点的基础设施建设和农田基本建设，动员和组织社会力量参与民族自治地方的扶贫开发。

第十七条 国家鼓励、支持和引导民族自治地方发展非公有制经济，鼓励社会资本参与民族自治地方的基础设施、公用事业以及其他领域的建设和国有、集体企业改制。

第十八条 国家组织和支持经济发达地区与民族自治地方的对口支援。通过劳动密集型和资源加工型产业的转移、技术转让、交流培训人才、加大资金投入、提供物资支持等多种方式，帮助民族自治地方加速经济、文化、教育、科技、卫生、体育事业的发展；鼓励和引导企业、高等院校和科研单位以及社会各方面力量加大对民族自治地方的支持力度。

民族自治地方各级人民政府引导和组织当地群众有序地外出经商务工。有关地方人民政府应当切实保障外来经商务工的少数民族群众的合法权益。

第十九条 国家帮助民族自治地方普及九年义务教育，扫除青壮年文盲，不断改善办学条件，大力支持民族自治地方有重点地办好寄宿制学校；在发达地区普通中学开设民族班或者开办民族中学，其办学条件、教学和管理水平要达到当地学校的办学标准和水平。

国家采取措施，扶持民族自治地方因地制宜发展职业教育和成人教育，发展普通高中教育和现代远程教育，促进农村基础教育、成人教育、职业教育统筹发展。

国家鼓励和支持社会力量以多种形式在民族自治地方办学，积极组织发达地区支援民族自治地方发展教育事业。

第二十条 各级人民政府应当将民族自治地方义务教育纳入公共财政的保障范围。中央财政设立少数民族教育专项补助资金，地方财政相应安排少数民族教育专项补助资金。

国家积极创造条件，对民族自治地方的边境地区、贫困地区和人口较少民族聚居地区的义务教育给予重点支持，并逐步在民族自治地方的农村实行免费义务教育。

第二十一条 国家帮助和支持民族自治地方发展高等教育，办好民族院校和全国普通高等学校民族预科班、民族班。对民族自治地方的高等学校以及民族院校的学科建设和研究生招生，给予特殊的政策扶持。

各类高等学校面向民族自治地方招生时，招生比例按规模同比增长并适当倾斜。对报考专科、本科和研究生的少数民族考生，在录取时应当根据情况采取加分或者降分的办法，适当放宽录取标准和条件，并对人口特少的少数民族考生给予特殊照顾。

第二十二条 国家保障各民族使用和发展本民族语言文字的自由，扶持少数民族语言文字的规范化、标准化和信息处理工作；推广使用全国通用的普通话和规范汉字；鼓励民族自治地方各民族公民互相学习语言文字。

国家鼓励民族自治地方逐步推行少数民族语文和汉语文授课的“双语教学”，扶持少数民族语文和汉语文教材的研究、开发、编译和出版，支持建立和健全少数民族教材的编译和审查机构，帮助培养通晓少数民族语文和汉语文的教师。

第二十三条 国家帮助民族自治地方建立健全科技服务体系和科学普及体系。中央财政通过国家科技计划、科学基金、专项资金等方式，加大对民族自治地方科技工作的支持力度，积极支持和促进民族自治地方科技事业的发展。

第二十四条 上级人民政府从政策和资金上支持民族自治地方少数民族文化事业发展，加强文化基础设施建设，重点扶持具有民族形式和民族特点的公益性文化事业，加强民族自治地方的公共文化服务体系建设，培育和发展民族文化产业。

国家支持少数民族新闻出版事业发展，做好少数民族语言广播、电影、电视节目的译制、制作和播映，扶持少数民族语言文字出版物的翻译、出版。

国家重视少数民族优秀传统文化的继承和发展，定期举办少数民族传统体育运动会、少数民族文艺会演，繁荣民族文艺创作，丰富各民族群众的文化生活。

第二十五条 上级人民政府支持对少数民族非物质文化遗产和名胜古迹、文物等物质文化遗产的保护和抢救，支持对少数民族古籍的搜集、整理、出版。

第二十六条 上级人民政府加大对民族自治地方公共卫生体系建设的资金投入以及技术支持，采取有效措施预防控制传染病、地方病和寄生虫病，建立并完善农村卫生服务体系、新型农村合作医疗制度和医疗救助制度，减轻民族自治地方贫困群众医疗费的负担；各级人民政府加大对民族医药事业的投入，保护、扶持和发展民族医药学，提高各民族的健康水平。

上级人民政府制定优惠政策，鼓励民族自治地方实行计划生育和优生优育，提高各民族人口素质。

第二十七条 上级人民政府应当按照国家有关规定，帮助民族自治地方加快社会保障体系建设，建立和完善养老、失业、医疗、工伤、生育保险和城市居民最低生活保障等制度，形成与当地经济和社会发展水平相适应的社会保障体系。

第二十八条 上级人民政府及其工作部门领导人员中应当合理配备少数民族干部；民族自治地方人民政府及其工作部门应当依法配备实行区域自治的民族和其他民族领导干部，在公开选拔、竞争上岗配备领导干部时，可以划出相应的名额和岗位，定向选拔少数民族干部。

民族自治地方录用、聘用国家工作人员时，对实行区域自治的民族和其他少数民族予以照顾，具体办法由录用、聘用主管部门规定。

第二十九条 上级人民政府指导民族自治地方制订人才开发规划，采取各种有效措施，积极培养使用实行区域自治的民族和其他民族的各级各类人才。

国家积极采取措施，加大对少数民族和民族自治地方干部的培训力度，扩大干部培训机构和高等院校为民族自治地方培训干部与人才的规模，建立和完善民族自治地方与中央国家机关和经济相对发达地区干部交流制度。

国家鼓励和支持各级各类人才到民族自治地方发展、创业，当地人民政府应当为他们提供优惠便利的工作和生活条件；对到边远、高寒等条件比较艰苦的民族自治地方工作的汉族和其他民族人才的家属和子女，在就业、就学等方面给予适当照顾。

第三十条 各级人民政府民族工作部门对本规定的执行情况实施监督检查，每年将监督检查的情况向同级人民政府报告，并提出意见和建议。

第三十一条 对违反国家财政制度、财务制度，挪用、克扣、截留国家财政用于民族自治地方经费的，责令限期归还被挪用、克扣、截留的经费，并依法对直接负责的主管人员和其他直接责任人员给予行政处分；构成犯罪的，依法追究刑事责任。

第三十二条 各级人民政府行政部门违反本规定，不依法履行职责，由其上级行政机关或者监察机关责令改正。

各级行政机关工作人员在执行本规定过程中，滥用职权、玩忽职守、徇私舞弊，构成犯罪的，依法追究刑事责任；尚不构成犯罪的，依法给予行政处分。

第三十三条 本规定所称上级人民政府，是指民族自治地方的上级人民政府。

第三十四条 国务院有关部门、自治区和辖有自治州、自治县的省、直辖市人民政府在职权范围内，根据本规定制订具体办法，并将执行情况向国务院报告。

第三十五条 本规定自 2005 年 5 月 31 日起施行。

辽宁省实施《中华人民共和国民族区域自治法》办法

（2008年9月25日辽宁省第十一届人民代表大会常务委员会第四次会议通过）

第一条 为实施《中华人民共和国民族区域自治法》（以下简称《民族区域自治法》）和有关法律、法规，保障自治县依法行使自治权，加快自治县发展，增进民族团结，促进各民族共同繁荣，结合本省实际，制定本办法。

第二条 自治县依法行使自治权，自主安排和管理本地方的经济、教育、文化、卫生、体育等建设事业。

省、辖有自治县的市（以下简称市）的国家机关应当保障自治县的自治机关依法行使自治权，支持和帮助自治县加快经济发展和社会进步。

第三条 省、市国家机关的决议、决定、命令和指示，如有不适合自治县实际情况的，自治县的自治机关可以报经该国家机关批准，变通执行或者停止执行；该国家机关应当在收到报告之日起六十日内给予答复。

第四条 省、市、自治县人民政府应当广泛开展民族团结进步宣传教育活动和民族团结进步创建活动，每五年对为民族团结进步事业作出突出贡献的单位和个人给予表彰和奖励。

省、市、自治县人民政府应当将《民族区域自治法》和有关法律、法规纳入全民普法教育规划，引导公民、法人和其他组织遵守有关法律、法规。

省、市、自治县新闻出版和广播电视等管理部门应当加强对出版物、广播影视作品和互联网等信息的管理，杜绝出现伤害民族感情、有损民族团结和违反民族政策的内容。

第五条 省、市人民政府及其有关部门在制定国民经济和社会发展计划、规划时，应当照顾自治县的特点和需要，扶持自治县加快发展。

省人民政府在职权范围内，比照西部大开发的有关政策，对自治县予以扶持。

第六条 省、市人民政府及其有关部门应当加大自治县贫困地区的扶贫资金投入，并动员和组织社会力量参与自治县的扶贫开发。

第七条 省、市人民政府安排自治县基础设施项目，应当免除或者减少需由自治县承担的配套资金。

省、市、自治县人民政府安排的乡村基础设施建设资金，应当全额拨付，并确保专款专用。乡村不承担配套资金。

第八条 省、市、自治县财政设立并安排少数民族发展资金、少数民族地区补助费和民族工作经费。资金规模应当随着经济发展和本级财政收入的增长逐步增加。

第九条 省财政部门应当对自治县区域内农业产业化龙头企业和对自治县经济发展有带动作用的企业技术改造项目，给予贷款贴息支持。

第十条 省、市的发展改革、财政等部门在制定投资计划时，应当优先安排自治县的基础设施、环境保护、资源开发利用、社会公益和其他涉及民生的重要项目，并逐步增加资金投入。

第十一条 省财政部门通过各项财政转移支付以及其他方式，逐步加大对自治县的财政转移支付力度，保证自治县国家机关正常运转、财政供养人员工资按时足额发放、基础教育正常经费支出。

第十二条 自治县依法享受下列税收优惠：

（一）除国家禁止和限制的行业外，经省人民政府批准，减征或者免征属于地方分享部分的企业所得税；

（二）兴修农田水利设施，免征耕地占用税；

（三）用于农业生产的种植、养殖占地，免征土地使用税；

（四）因实施城市转型规划、安排国家建设项目需要搬迁转让原房地产的，免征土地增值税。

第十三条 省、市的财政、中小企业、科技等部门应当在政策、资金、技术等方面扶持自治县发展非公有制经济；并在中小企业发展专项资金中划出部分资金，支持自治县符合条件的中小企业的发展。

第十四条 鼓励地方金融机构增加对自治县基础设施建设的信贷规模，对民族贸易和民族特需商品定点生产企业，给予优惠利率贷款。

第十五条 省、市的科技、发展改革、中小企业、经贸管理等部门应当增加自治县科技投入，支持自治县的科技创新和科技成果转化利用。应当从中小企业科技创新资金、科技发展资金和技术改造贷款贴息中分别划出部分资金，专项用于支持自治县中小企业的科技投入和技术改造。

第十六条 省、市的财政、农业等有关部门应当帮助自治县发展现代农业，在支持发展区域优势特色产业专项资金安排上增加额度，在新农村建设项目上给予重点支持。

第十七条 省、市人民政府应当帮助自治县发展交通事业。

省、市交通部门设立自治县公路建设专项补助资金，用于自治县公路的建设和改造，并优先考虑安排客运、货运站等基础设施建设项目。对交通条件差的贫困自治县和山区自治县，应当提高补助资金额度。

第十八条 省、市林业部门应当帮助自治县制定林业发展规划，调整林业结构，扶持林业产业化经营，增加林业保护、建设的资金投入。

第十九条 省、市人民政府对输出水资源的自治县给予的经济补偿应当高于其他地区，并依法建立长效合理的补偿机制。

省、市水利部门应当根据规划优先安排自治县的水资源开发利用项目。

自治县征收的水资源费，全部缴入县级国库。

第二十条 省、市国土资源管理部门应当加大对自治县的土地开发整理、矿产资源勘查和保护、矿山环境治理的资金投入。

在自治县取得的矿产资源补偿费省级分成收入全额返还自治县。在自治县取得的探矿权和采矿权价款省级分成收入，扣除按规定核定的评估费用后，50%返还自治县，用于自治县矿产资源勘查、地质环境治理和地质灾害防治等项目。

省、市国土资源管理部门在核准探矿权、采矿权证时，应当征求自治县人民政府意见，并充分考虑和照顾当地利益。

第二十一条 省、市有关部门应当制定优惠政策，支持自治县利用民族历史文化资源和自然资源发展旅游项目，并从资金上支持旅游景区的配套设施建设。

第二十二条 省、市的财政、农业、水利、林业、环保等部门应当加大对自治县生态建设和环境保护的投入，通过财政转移支付、项目支持等政策、措施建立生态补偿机制，对通过实施小流域治理、天然林保护和水资源涵养、沙漠化治理等工程，为生态保护作出贡献的自治县给予合理补偿。

省、市的财政、环保部门应当优先安排专项资金，用于自治县污染防治项目的建设。

第二十三条 省、市教育部门应当帮助自治县发展教育事业。

省、市财政部门设立并逐步增加民族教育专项经费，改善教育基础设施和教学设备条件，开展民族语文、汉语文、外语教师培训工作，对民族语文教材等民族教育方面的支出给予资助。

第二十四条 省、市的教育、人事部门应当做好民族师范教育工作，帮助自治县加强教师队伍建设。

组织和鼓励优秀教师、高等学校毕业生到自治县任教。对长期在自治县任教的教师和到自治县援教 3 年以上的优秀教师，在同等条件下，可以优先评聘职称。

第二十五条 省属高等院校和中等专业学校招生时，应当扩大自治县定向招生比例。对少数民族考生，按照国家和省人民政府有关规定，在录取时给予照顾。

省内高等院校录取的考生，属于自治县少数民族贫困生的，在同等条件下优先享受国家资助政策。

省内有条件的高等学校，可以开设民族语言班，定向招收自治县少数民族考生。

第二十六条 省、市的文化、财政等有关部门应当加大资金投入，帮助自治县发展民族文化事业，加强公共文化服务和文化基础设施建设，培育和发展民族文化产业，扶持具有民族形式和民族特点的公益性文化事业，定期举办少数民族文艺调演等重大民族文化活动，丰富各民族群众的文化生活。

省、市人民政府建立的非物质文化遗产专项资金，应当帮助保护、抢救少数民族非物质文化遗产和民族民间文化艺术，收集、整理和出版民族古籍，扶持发展民族文化产业。

第二十七条 省、市、自治县的教育、文化、广播电视、新闻出版、人事等有关部门应当做好少数民族语言文字的使用、保护和发展工作，制定相关政策，扶持少数民族语言文字出版物的翻译、整理和出版。

省、市、自治县财政部门对从事民族文化事业的广播、报刊、出版等单位，应当给予必要的经费资助，扶持其增强自我发展能力。

第二十八条 省、市的财政、卫生部门应当逐步加大对自治县公共卫生体系建设的资金投入和技术支持，帮助自治县健全城镇和农村卫生服务体系，完善医疗救助和新型农村合作医疗制度，预防和控制重大传染病和地方病，引导少数民族实行计划生育和优生优育。

保护、扶持和发展蒙医药等民族医药事业，培养少数民族医药专门人才。

第二十九条 省、市体育部门应当加强民族体育队伍和体育设施建设，培养少数民族体育人才，挖掘、整理和提高民族、民间传统体育项目，定期举办全省少数民族传统体育运动会，鼓励发展群众性民族体育活动。

第三十条 自治县机关在通过公开选拔和竞争上岗方式配备领导干部时，可以划出相应的名额和岗位，定向选拔少数民族干部，并注意培养、选拔和使用少数民族女干部。

自治县机关录用公务员时，依据法律和有关规定，对少数民族报考者给予适当照顾。

第三十一条 省、市人事部门应当制定规划，做好少数民族和自治县干部的培训、选拔和使用工作，建立和完善自治县与省、市国家机关和发达地区之间的干部人才交流制度。

第三十二条 省、市的人事、教育部门应当采取定向招生、委托培养等措施，培养自治县少数民族干部和各种专业技术及管理人才。

第三十三条 省、市的教育、科技、卫生等部门应当组织其他地区的教育、工程技术、医疗卫生等专业人员，定期对口支援自治县，并组织自治县的教育、工程技术、医疗卫生等专业人员到发达地区进行培训。

第三十四条 本办法自 2009 年 1 月 1 日起施行。

湖南省实施《中华人民共和国民族区域自治法》若干规定

（2011年11月27日湖南省第十一届人民代表大会常务委员会第二十五次会议通过）

第一条 根据《中华人民共和国民族区域自治法》和《国务院实施〈中华人民共和国民族区域自治法〉若干规定》，结合本省实际，制定本规定。

第二条 省、辖有自治县的市的国家机关（以下简称上级国家机关）应当保障民族自治地方的自治机关依法行使自治权，支持和帮助民族自治地方加快经济社会发展，增进民族团结，促进各民族的共同繁荣。

第三条 各级国家机关应当加强民族法律法规和政策的宣传教育，依法制定具体措施，保护少数民族的合法权益，妥善处理影响民族团结的问题，巩固和发展平等、团结、互助、和谐的社会主义民族关系，禁止破坏民族团结和制造民族分裂的行为。

尊重和保护少数民族的语言文字、风俗习惯、宗教信仰和传统节日。

每年九月为全省民族团结进步宣传教育月。

第四条 上级国家机关支持民族自治地方组织开展促进民族团结进步的各项活动。

县级以上人民政府应当对为民族团结进步事业做出突出贡献的单位和个人给予表彰、奖励。

第五条 上级国家机关的决议、决定、命令和指示，如有不适合民族自治地方实际情况的，民族自治地方的自治机关可以报请该上级国家机关批准，变通执行或者停止执行；该上级国家机关应当在收到报告之日起六十日内给予答复。

第六条 省、辖有自治县的市的人民政府（以下简称上级人民政府）在制订国民经济和社会发展中长期规划时，应当听取民族自治地方和民族工作部门的意见，根据民族自治地方的特点和需要，支持和帮助民族自治地方加速发展经济、教育、科学技术、文化、卫生、体育等各项事业，实现科学发展。

第七条 上级人民政府根据民族自治地方的实际，优先安排基础设施建设项目。

上级人民政府安排的财政性建设资金、其他专项建设资金和政策性银行贷款，应当增加用于民族自治地方基础设施建设的比重。

国家安排的基础设施建设项目，需要民族自治地方承担配套资金的，适当降低配套资金的比例。民族自治地方的国家扶贫重点县和财政困难县确实无力负担的，免除配套资金。其中，基础设施建设项目属于地方事务的，由国家和省人民政府确定建设资金负担比例后，按比例全额安排。

第八条 上级人民政府应当帮助民族自治地方发展农业，加强农业基础设施建设，推广先进农业机械，改善农业生产条件，调整农业产业结构，发展农民专业合作组织，建立农产品标准化生产基地，支持发展农产品加工业，促进农业产业化经营。

上级人民政府应当帮助民族自治地方发展畜牧水产业，加强畜禽水产优良品种原产地域产品保护和种畜、饲料、防疫服务体系建设，保护和合理利用草山、水面，发展畜禽产品、水产品加工业。

第九条 上级人民政府应当帮助民族自治地方发展林业，实施林业生态建设工程，逐步提高生态公益林补偿标准；在民族自治地方征收的育林基金和森林植被恢复费应当专项用于民族自治地方发展林业。

第十条 上级人民政府应当帮助民族自治地方发展水利事业，优先安排水利建设项目，在民族自治地方征收的水资源费，除上缴中央部分外，其余部分应当专项用于民族自治地方水资源的开发、利用、保护和管理。

第十一条 上级人民政府应当支持民族自治地方社会主义新农村建设，加快农村饮水安全工程、沼气等建设，加强农村环境保护和治理，改善村容村貌。

第十二条 上级人民政府应当支持民族自治地方实施新能源建设项目和电网建设，提高电网输送能力，帮助农村实施电网改造。

第十三条 上级人民政府应当帮助民族自治地方发展交通运输业，支持干线公路、乡村公路、航道设施的建设、维护，提高补助标准。

第十四条 上级人民政府应当帮助民族自治地方加强生态环境保护，建立完善生态补偿机制，通过财政转移支付、项目支持等措施，对在生态环境保护等方面做出贡献的民族自治地方给予合理补偿。具体办法由省人民政府制定。

第十五条 上级人民政府应当优先安排民族自治地方矿产资源开发、土地开发、复垦整理和地质灾害防治项目，支持矿产资源普查、勘探工作。

在民族自治地方征收的新增建设用地的土地有偿使用费、耕地开垦费，除上缴中央部分外，其余部分应当专项用于民族自治地方耕地占补平衡和农村土地整理。

上级人民政府应当支持民族自治地方培育矿业权市场，促进探矿权、采矿权依法出让和转让；在民族自治地方征收的矿产资源补偿费的留成比例，应当高于一般地区。

第十六条 上级人民政府应当帮助民族自治地方发展特色产业，改造提升传统工业，支持建设资源型深加工项目，重点支持建设特色产业园区，引导产业项目向园区集聚。

上级人民政府应当支持民族自治地方发展循环经济和节能环保产业。

第十七条 上级人民政府应当帮助民族自治地方发展旅游业，保护和合理开发利用自然、人文等旅游资源，建设旅游景区、景点及其配套设施，开发具有民族特色的旅游产品，发展生态旅游和民俗文化旅游。

第十八条 上级人民政府应当帮助民族自治地方发展对外经济贸易，支持优势产品出口和对外经济技术、劳务合作。

上级人民政府应当帮助民族自治地方发展民族贸易和民族特需商品、传统手工业品生产，落实有关优惠政策。

上级人民政府根据民族自治地方的经济发展特点和需要，支持民族自治地方完善市场流通体系，扶持建设农产品、林产品、中药材、矿产品、民族工业用品物流中心，促进贸易发展。

第十九条 民族自治地方享受财政优惠政策。

省财政应当充分考虑民族自治地方的公共服务支出成本差异、经济和社会发展水平等因素，加大对民族自治地方一般性财政转移支付、专项财政转移支付和民族优惠政策财政转移支付力度；省财政对民族自治地方的转移支付和定额补贴在保持一定总量的基础上逐步增加。

省财政应当加大支持民族自治地方财源建设力度，保证民族自治地方的国家机关正常运转、财政供养人员工资（含津、补贴）按时足额发放、基础教育正常经费支出。

因税收减免政策造成民族自治地方财政减收部分，上级人民政府在测算转移支付时应当给予照顾。

省、辖有自治县的市的财政设立并安排少数民族发展资金和民族工作经费，资金规模随着经济发展和财政收入的增长逐步增加。

第二十条　上级人民政府应当执行国家对民族自治地方的有关税收优惠政策，对民族自治地方提出的税收减免，根据国家规定的权限和程序及时审批。

第二十一条　上级国家机关应当帮助民族自治地方拓宽间接和直接融资渠道，根据民族自治地方经济和社会发展的需要，完善金融组织体系和服务体系，引导金融机构加大对民族自治地方的投入，扶持民族自治地方重点项目建设和产业发展，支持符合上市条件的企业上市融资；支持民族自治地方加快保险业的发展。

第二十二条　上级人民政府鼓励和引导国内外资金投向民族自治地方基础设施建设、产业发展、生态环境保护等领域。

上级人民政府应当帮助民族自治地方引进国外贷款和无偿援助，重点用于扶贫、生态环境保护等公益事业。

第二十三条　上级国家机关应当坚持开发式扶贫方针，支持民族自治地方高寒山区、库区以通水、通电、通路、通信、通广播电视和危房改造、生态移民为重点的基础设施建设、产业开发和农田基本建设。鼓励、引导和扶持交通不便、生活贫困的散居农户相对集中居住。

扶贫开发项目和资金应当对民族自治地方给予倾斜。

上级国家机关组织和支持经济发达地区对民族自治地方的对口支援，鼓励和引导企业、高等学校和科学研究单位以及社会各方面力量加大对民族自治地方的支持力度。

第二十四条 上级人民政府应当帮助民族自治地方发展学前教育，促进义务教育均衡发展，办好普通高中教育、各类职业技术教育和特殊教育；加大定向培养少数民族教师队伍力度，组织和鼓励优秀教师、高等学校毕业生到民族自治地方任教，对长期在民族自治地方任教的教师，应当提高其待遇。

上级人民政府应当帮助民族自治地方办好中小学寄宿制学校，鼓励经济发达地区学校对口扶持民族自治地方的薄弱学校。在经济发达地区普通中学开设民族班或者开办民族中学，其办学条件、教学和管理水平应当达到当地学校的办学标准和水平，鼓励和支持社会力量以多种形式在民族自治地方办学。

上级人民政府在安排义务教育经费时应当对民族自治地方给予倾斜；安排的少数民族义务教育助学金，应当随着经济发展和财政收入的增长逐步增加，用于家庭经济特别困难学生的补助；逐步提高农村义务教育阶段家庭经济困难寄宿生生活补助标准；免除中等职业学校的家庭经济困难学生和涉农专业学生学费。

第二十五条 上级人民政府应当帮助民族自治地方发展高等教育，办好省内高等学校民族预科班，对民族自治地方的高等学校的基础设施、教师队伍和学科建设，给予政策扶持。

高等学校在招收新生时，可以实行定向招生，对民族自治地方的考生应当根据情况采取降分或者加分的办法，适当放宽录取标准和条件。各级人民政府和省内高等学校应当采取多种措施帮助家庭经济特别困难的少数民族学生完成学业。

第二十六条 上级人民政府应当帮助民族自治地方制定科学技术发展战略和规划，推广普及科学技术知识。

上级人民政府应当加强对民族自治地方科学研究开发、实用科学技术成果推广应用和科学研究队伍建设工作的指导，加大资金扶持力度，指导和支持申报科学技术计划，帮助获得项目经费支持。

第二十七条 上级人民政府扶持民族自治地方发展文化事业，加强文化基础设施建设和公共文化服务体系建设，发展新闻出版、广播电影电视事业，培育和发展民族文化产业；设立少数民族文化发展资金，并随着经济发展和财政收入的增长逐步增加。

省人民政府定期举办少数民族文艺会演。

各级人民政府应当加强对少数民族非物质文化遗产和历史文化名城名镇名村、特色民居、名胜古迹、文物等物质文化遗产的保护和抢救，支持少数民族古籍的收集、整理、翻译、出版；建立和完善非物质文化遗产传承人制度，支持非物质文化遗产代表性项目的代表性传承人开展传承、传播活动。

第二十八条 上级人民政府支持民族自治地方加强体育设施建设，开展民族传统体育活动，进行体育交流和协作。

省人民政府定期举办全省少数民族传统体育运动会。

第二十九条 上级人民政府应当帮助民族自治地方发展医疗卫生事业，加强少数民族医疗卫生技术人员的培养，完善县（市、区）、乡（镇）、村医疗预防保健网络，健全农村合作医疗制度和城镇居民医疗保险制度，优先安排医疗卫生基础设施建设和设备购置项目，组织医疗卫生机构对口支援民族自治地方的人才培养、医疗技术、公共卫生、疾病防治等工作；安排的少数民族医疗减免经费应当用于经济特别困难群众医疗费的减免，并随着经济发展和财政收入的增长逐步增加。

第三十条 上级人民政府应当加大对民族医药事业的投入，保护、扶持和发展民族医药学，建设民族医药开发基地，促进民族医药产业发展，推荐符合条件的民族传统药物进入地方基本药物目录，建立健全农村药品监督网络和供应网络。

第三十一条 上级人民政府应当帮助民族自治地方建立健全计划生育服务网络，指导做好优生优育、避孕节育、生殖保健的宣传教育工作，并对计划生育技术服务机构给予支持。

第三十二条 各级国家机关应当加强对少数民族干部的培养和使用。

上级国家机关的领导干部和工作人员中应当合理配备少数民族人员。民族自治地方的国家机关应当依法配备实行区域自治的民族和其他少数民族领导干部，在公开选拔、竞争上岗配备领导干部时，可以划出相应名额和岗位，定向选拔少数民族干部。

民族自治地方录用、聘用国家工作人员时，对实行区域自治的民族和其他少数民族适当放宽报考条件和录取标准，确保一定录取比例。具体办法由录用、聘用主管部门规定。

第三十三条 上级国家机关指导民族自治地方制订人才开发规划，采取措施加大对民族自治地方干部人才的培训力度，培养使用实行区域自治的民族和其他民族的各级各类人才。

建立和完善民族自治地方与上级国家机关和经济相对发达地区干部交流制度。上级国家机关有计划地选派民族自治地方的少数民族干部到上级机关、经济相对发达地区交流或者挂职锻炼，根据民族自治地方的需要，组织和选派经济相对发达地区的专业人才到民族自治地方工作。

上级国家机关鼓励和支持各种专业技术人员参加民族自治地方的建设，当地国家机关应当为其工作和生活提供便利。

第三十四条 上级人民政府应当支持民族自治地方发展社会救济和社会福利事业，帮助民族自治地方加快社会保障体系建设，建立和完善养老、失业、医疗、工伤、生育保险和城乡居民最低生活保障等制度，形成与当地经济和社会发展水平相适应的社会保障体系。

上级人民政府在安排农村危房改造、保障性住房建设资金、社会保障补贴、就业专项资金时，对民族自治地方给予倾斜。

第三十五条 对国家和上级人民政府安排的项目、资金，民族自治地方应当按照规定管理、使用，并接受上级人民政府及其有关部门的监督。

对违反财政法律法规，挪用、侵占、截留上级财政用于民族自治地方经费的，责令限期归还被挪用、侵占、截留的经费，并依法对直接负责的主管人员和其他直接责任人员给予处分；构成犯罪的，依法追究刑事责任。

第三十六条 各级国家机关违反本规定，不依法履行职责，由其上级主管机关或者监察机关责令改正。

各级国家机关工作人员在执行本规定过程中，滥用职权、玩忽职守、徇私舞弊的，依法给予处分；构成犯罪的，依法追究刑事责任。

第三十七条 张家界市的桑植县、永定区、武陵源区参照本规定享受民族自治地方经济社会发展方面的优惠。

第三十八条 省人民政府有关部门、辖有自治县的市的人民政府应当制定实施本规定的具体措施。

第三十九条 本规定自2012年3月1日起施行。1990年10月27日湖南省第七届人民代表大会常务委员会第十九次会议通过的《湖南省实施〈中华人民共和国民族区域自治法〉若干规定》同时废止。

全国普法学习读本

★ ★ ★ ★ ★

社会实用法律法规读本

基层民主选举法律法规学习读本

党团组织选举法律法规

魏光朴　主编

汕頭大學出版社

图书在版编目（CIP）数据

党团组织选举法律法规 / 魏光朴主编. -- 汕头：汕头大学出版社（2021.7重印）

（基层民主选举法律法规学习读本）

ISBN 978-7-5658-3239-0

Ⅰ.①党… Ⅱ.①魏… Ⅲ.①中国共产党-基层组织-选举法②中国共产主义青年团-基层组织-选举法③中华人民共和国全国妇女联合会-基层组织-选举法 Ⅳ.①D267②D297③D442.3

中国版本图书馆 CIP 数据核字（2017）第 300562 号

党团组织选举法律法规　DANGTUAN ZUZHI XUANJU FALÜ FAGUI

主　　编：魏光朴
责任编辑：邹　峰
责任技编：黄东生
封面设计：大华文苑
出版发行：汕头大学出版社
　　　　　广东省汕头市大学路 243 号汕头大学校园内　邮政编码：515063
电　　话：0754-82904613
印　　刷：三河市南阳印刷有限公司
开　　本：690mm×960mm 1/16
印　　张：18
字　　数：226 千字
版　　次：2017 年 12 月第 1 版
印　　次：2021 年 7 月第 2 次印刷
定　　价：59.60 元（全 2 册）
ISBN 978-7-5658-3239-0

前言

习近平总书记指出："推进全民守法，必须着力增强全民法治观念。要坚持把全民普法和守法作为依法治国的长期基础性工作，采取有力措施加强法制宣传教育。要坚持法治教育从娃娃抓起，把法治教育纳入国民教育体系和精神文明创建内容，由易到难、循序渐进不断增强青少年的规则意识。要健全公民和组织守法信用记录，完善守法诚信褒奖机制和违法失信行为惩戒机制，形成守法光荣、违法可耻的社会氛围，使遵法守法成为全体人民共同追求和自觉行动。"

中共中央、国务院曾经转发了中央宣传部、司法部关于在公民中开展法治宣传教育的规划，并发出通知，要求各地区各部门结合实际认真贯彻执行。通知指出，全民普法和守法是依法治国的长期基础性工作。深入开展法治宣传教育，是全面建成小康社会和新农村的重要保障。

普法规划指出：各地区各部门要根据实际需要，从不同群体的特点出发，因地制宜开展有特色的法治宣传教育坚持集中法治宣传教育与经常性法治宣传教育相结合，深化法律进机关、进乡村、进社区、进学校、进企业、进单位的"法律六进"主题活动，完善工作标准，建立长效机制。

特别是农业、农村和农民问题，始终是关系党和人民事业发展的全局性和根本性问题。党中央、国务院发布的《关于推进社会主义新农村建设的若干意见》中明确提出要"加强农村法制建设，深入开展农村普法教育，增强农民的法制观念，提高农民依法行使权利和履行义务的自觉性。"多年普法实践证明，普及法律知识，提高法制观念，增强全社会依法办事意识具有重要作用。特别是在广大农村进行普法教育，是提高全民法律素质的需要。

多年来，我国在农村实行的改革开放取得了极大成功，农村发生了翻天覆地的变化，广大农民生活水平大大得到了提高。但是，由于历史和社会等原因，现阶段我国一些地区农民文化素质还不高，不学法、不懂法、不守法现象虽然较原来有所改变，但仍有相当一部分群众的法制观念仍很淡化，不懂、不愿借助法律来保护自身权益，这就极易受到不法的侵害，或极易进行违法犯罪活动，严重阻碍了全面建成小康社会和新农村步伐。

为此，根据党和政府的指示精神以及普法规划，特别是根据广大农村农民的现状，在有关部门和专家的指导下，特别编辑了这套《全国普法学习读本》。主要包括了广大人民群众应知应懂、实际实用的法律法规。为了辅导学习，附录还收入了相应法律法规的条例准则、实施细则、解读解答、案例分析等；同时为了突出法律法规的实际实用特点，兼顾地方性和特殊性，附录还收入了部分某些地方性法律法规以及非法律法规的政策文件、管理制度、应用表格等内容，拓展了本书的知识范围，使法律法规更“接地气”，便于读者学习掌握和实际应用。

在众多法律法规中，我们通过甄别，淘汰了废止的，精选了最新的、权威的和全面的。但有部分法律法规有些条款不适应当下情况了，却没有颁布新的，我们又不能擅自改动，只得保留原有条款，但附录却有相应的补充修改意见或通知等。众多法律法规根据不同内容和受众特点，经过归类组合，优化配套。整套普法读本非常全面系统，具有很强的学习性、实用性和指导性，非常适合用于广大农村和城乡普法学习教育与实践指导。总之，是全国全民普法的良好读本。

目　录

中华人民共和国地方各级人民代表大会和地方各级人民政府组织法

中华人民共和国全国人民代表大会和地方各级人民代表大会选举法

中国共产党基层组织选举工作暂行条例

中国共产主义青年团基层组织选举规则

妇女联合会选举工作条例

中华人民共和国地方各级人民代表大会和地方各级人民政府组织法

中华人民共和国主席令

第三十三号

《全国人民代表大会常务委员会关于修改〈中华人民共和国地方各级人民代表大会和地方各级人民政府组织法〉、〈中华人民共和国全国人民代表大会和地方各级人民代表大会选举法〉、〈中华人民共和国全国人民代表大会和地方各级人民代表大会代表法〉的决定》已由中华人民共和国第十二届全国人民代表大会常务委员会第十六次会议于2015年8月29日通过，现予公布，自公布之日起施行。

中华人民共和国主席　习近平

2015年8月29日

第一章　总　则

第一条　省、自治区、直辖市、自治州、县、自治县、市、市辖区、乡、民族乡、镇设立人民代表大会和人民政府。

第二条 县级以上的地方各级人民代表大会设立常务委员会。

第三条 自治区、自治州、自治县的自治机关除行使本法规定的职权外，同时依照宪法、民族区域自治法和其他法律规定的权限行使自治权。

第二章 地方各级人民代表大会

第四条 地方各级人民代表大会都是地方国家权力机关。

第五条 省、自治区、直辖市、自治州、设区的市的人民代表大会代表由下一级的人民代表大会选举；县、自治县、不设区的市、市辖区、乡、民族乡、镇的人民代表大会代表由选民直接选举。地方各级人民代表大会代表名额和代表产生办法由选举法规定。各行政区域内的少数民族应当有适当的代表名额。

第六条 地方各级人民代表大会每届任期五年。

第七条 省、自治区、直辖市的人民代表大会根据本行政区域的具体情况和实际需要，在不同宪法、法律、行政法规相抵触的前提下，可以制定和颁布地方性法规，报全国人民代表大会常务委员会和国务院备案。

设区的市的人民代表大会根据本市的具体情况和实际需要，在不同宪法、法律、行政法规和本省、自治区的地方性法规相抵触的前提下，可以制定地方性法规，报省、自治区的人民代表大会常务委员会批准后施行，并由省、自治区的人民代表大会常务委员会报全国人民代表大会常务委员会和国务院备案。

第八条 县级以上的地方各级人民代表大会行使下列职权：

（一）在本行政区域内，保证宪法、法律、行政法规和上级人民代表大会及其常务委员会决议的遵守和执行，保证国家计划和国家预算的执行；

（二）审查和批准本行政区域内的国民经济和社会发展计划、预算以及它们执行情况的报告；

（三）讨论、决定本行政区域内的政治、经济、教育、科学、文化、卫生、环境和资源保护、民政、民族等工作的重大事项；

（四）选举本级人民代表大会常务委员会的组成人员；

（五）选举省长、副省长，自治区主席、副主席，市长、副市长，州长、副州长，县长、副县长，区长、副区长；

（六）选举本级人民法院院长和人民检察院检察长；选出的人民检察院检察长，须报经上一级人民检察院检察长提请该级人民代表大会常务委员会批准；

（七）选举上一级人民代表大会代表；

（八）听取和审查本级人民代表大会常务委员会的工作报告；

（九）听取和审查本级人民政府和人民法院、人民检察院的工作报告；

（十）改变或者撤销本级人民代表大会常务委员会的不适当的决议；

（十一）撤销本级人民政府的不适当的决定和命令；

（十二）保护社会主义的全民所有的财产和劳动群众集体所有的财产，保护公民私人所有的合法财产，维护社会秩序，保障公民的人身权利、民主权利和其他权利；

（十三）保护各种经济组织的合法权益；

（十四）保障少数民族的权利；

（十五）保障宪法和法律赋予妇女的男女平等、同工同酬和婚姻自由等各项权利。

第九条　乡、民族乡、镇的人民代表大会行使下列职权：

（一）在本行政区域内，保证宪法、法律、行政法规和上级人民代表大会及其常务委员会决议的遵守和执行；

（二）在职权范围内通过和发布决议；

（三）根据国家计划，决定本行政区域内的经济、文化事业和公共事业的建设计划；

（四）审查和批准本行政区域内的财政预算和预算执行情况的报告；

（五）决定本行政区域内的民政工作的实施计划；

（六）选举本级人民代表大会主席、副主席；

（七）选举乡长、副乡长，镇长、副镇长；

（八）听取和审查乡、民族乡、镇的人民政府的工作报告；

（九）撤销乡、民族乡、镇的人民政府的不适当的决定和命令；

（十）保护社会主义的全民所有的财产和劳动群众集体所有的财产，保护公民私人所有的合法财产，维护社会秩序，保障公民的人身权利、民主权利和其他权利；

（十一）保护各种经济组织的合法权益；

（十二）保障少数民族的权利；

（十三）保障宪法和法律赋予妇女的男女平等、同工同酬和婚姻自由等各项权利。少数民族聚居的乡、民族乡、镇的人民代表大会在行使职权的时候，应当采取适合民族特点的具体措施。

第十条　地方各级人民代表大会有权罢免本级人民政府的组成人员。县级以上的地方各级人民代表大会有权罢免本级人民代表大会常务委员会的组成人员和由它选出的人民法院院长、人民检察院检察长。罢免人民检察院检察长，须报经上一级人民检察院检察长提请该级人民代表大会常务委员会批准。

第十一条　地方各级人民代表大会会议每年至少举行一次。经过五分之一以上代表提议，可以临时召集本级人民代表大会会议。

第十二条　县级以上的地方各级人民代表大会会议由本级人民代表大会常务委员会召集。

第十三条　县级以上的地方各级人民代表大会每次会议举行预备会议，选举本次会议的主席团和秘书长，通过本次会议的议程和其他准备事项的决定。

预备会议由本级人民代表大会常务委员会主持。每届人民代表大会第一次会议的预备会议，由上届本级人民代表大会常务委员会主持。

县级以上的地方各级人民代表大会举行会议的时候，由主席团主持会议。

县级以上的地方各级人民代表大会会议设副秘书长若干人；副秘书长的人选由主席团决定。

第十四条 乡、民族乡、镇的人民代表大会设主席，并可以设副主席一人至二人。主席、副主席由本级人民代表大会从代表中选出，任期同本级人民代表大会每届任期相同。

乡、民族乡、镇的人民代表大会主席、副主席不得担任国家行政机关的职务；如果担任国家行政机关的职务，必须向本级人民代表大会辞去主席、副主席的职务。

乡、民族乡、镇的人民代表大会主席、副主席在本级人民代表大会闭会期间负责联系本级人民代表大会代表，根据主席团的安排组织代表开展活动，反映代表和群众对本级人民政府工作的建议、批评和意见，并负责处理主席团的日常工作。

第十五条 乡、民族乡、镇的人民代表大会举行会议的时候，选举主席团。由主席团主持会议，并负责召集下一次的本级人民代表大会会议。乡、民族乡、镇的人民代表大会主席、副主席为主席团的成员。

主席团在本级人民代表大会闭会期间，每年选择若干关系本地区群众切身利益和社会普遍关注的问题，有计划地安排代表听取和讨论本级人民政府的专项工作报告，对法律、法规实施情况进行检查，开展视察、调研等活动；听取和反映代表和群众对本级人民政府工作的建议、批评和意见。主席团在闭会期间的工作，向本级人民代表大会报告。

第十六条 地方各级人民代表大会每届第一次会议，在本届人民代表大会代表选举完成后的两个月内，由上届本级人民代表大会常务委员会或者乡、民族乡、镇的上次人民代表大会主席团召集。

第十七条 县级以上的地方各级人民政府组成人员和人民法院院长、人民检察院检察长，乡级的人民政府领导人员，列席本级人民代表大会会议；县级以上的其他有关机关、团体负责人，经本级人民代表大会常务委员会决定，可以列席本级人民代表大会会议。

第十八条 地方各级人民代表大会举行会议的时候，主席团、常务委员会、各专门委员会、本级人民政府，可以向本级人民代表大会提出属于本级人民代表大会职权范围内的议案，由主席团决定提交人民代表大会会议审议，或者并交有关的专门委员会审议、提出报告，再由主席团审议决定提交大会表决。

县级以上的地方各级人民代表大会代表十人以上联名，乡、民族乡、镇的人民代表大会代表五人以上联名，可以向本级人民代表大会提出属于本级人民代表大会职权范围内的议案，由主席团决定是否列入大会议程，或者先交有关的专门委员会审议，提出是否列入大会议程的意见，再由主席团决定是否列入大会议程。

列入会议议程的议案，在交付大会表决前，提案人要求撤回的，经主席团同意，会议对该项议案的审议即行终止。

第十九条 县级以上的地方各级人民代表大会代表向本级人民代表大会及其常务委员会提出的对各方面工作的建议、批评和意见，由本级人民代表大会常务委员会的办事机构交有关机关和组织研究处理并负责答复。

乡、民族乡、镇的人民代表大会代表向本级人民代表大会提出的对各方面工作的建议、批评和意见，由本级人民代表大会主席团交有关机关和组织研究处理并负责答复。

第二十条 地方各级人民代表大会进行选举和通过决议，以全体代表的过半数通过。

第二十一条 县级以上的地方各级人民代表大会常务委员会的组成人员，乡、民族乡、镇的人民代表大会主席、副主席，省长、副省长，自治区主席、副主席，市长、副市长，州长、副州长，县长、副县长，区长、副区长，乡长、副乡长，镇长、副镇长，人民法院院长，人民检察院检察长的人选，由本级人民代表大会主席团或者代表依照本法规定联合提名。

省、自治区、直辖市的人民代表大会代表三十人以上书面联名，设区的市和自治州的人民代表大会代表二十人以上书面联名，县级的人民代表大会代表十人以上书面联名，可以提出本级人民代表大会常务委员会组成人员，人民政府领导人员，人民法院院长，人民检察院检察长的候选人。乡、民族乡、镇的人民代表大会代表十人以上书面联名，可以提出本级人民代表大会主席、副主席，人民政府领导人员的候选人。不同选区或者选举单位选出的代表可以酝酿、联合提出候选人。

主席团提名的候选人人数，每一代表与其他代表联合提名的候选人人数，均不得超过应选名额。

提名人应当如实介绍所提名的候选人的情况。

第二十二条 人民代表大会常务委员会主任、秘书长，乡、民族乡、镇的人民代表大会主席，人民政府正职领导人员，人民法院院长，人民检察院检察长的候选人数一般应多一人，进行差额选举；如果提名的候选人只有一人，也可以等额选举。人民代表大会常务委员会副主任，乡、民族乡、镇的人民代表大会副主席，人民政府副职领导人员的候选人数应比应选人数多一人至三人，人民代表大会常务委员会委员的候选人数应比应选人数多十分之一至五分之一，由本级人民代表大会根据应选人数在选举办法中规定具体差额数，进行差额选举。如果提名的候选人数符合选举办法规定的差额数，由主席团提交代表酝酿、讨论后，进行选举。如果提名的候选人数超过选举办法规定的差额数，由主席团提交代表酝酿、讨论后，进行预选，根据在预选中得票多少的顺序，按照选举办法规定的差额数，确定正式候选人名单，进行选举。

县级以上的地方各级人民代表大会换届选举本级国家机关领导人员时，提名、酝酿候选人的时间不得少于两天。

第二十三条 选举采用无记名投票方式。代表对于确定的候选人，可以投赞成票，可以投反对票，可以另选其他任何代表或者选民，也可以弃权。

第二十四条 地方各级人民代表大会选举本级国家机关领导人员，获得过半数选票的候选人人数超过应选名额时，以得票多的当选。如遇票数相等不能确定当选人时，应当就票数相等的人再次投票，以得票多的当选。

获得过半数选票的当选人数少于应选名额时，不足的名额另行选举。另行选举时，可以根据在第一次投票时得票多少的顺序确定候选人，也可以依照本法规定的程序另行提名、确定候选人。经本级人民代表大会决定，不足的名额的另行选举可以在本次人民代表大会会议上进行，也可以在下一次人民代表大会会议上进行。

另行选举人民代表大会常务委员会副主任、委员，乡、民族乡、镇的人民代表大会副主席，人民政府副职领导人员时，依照本法第二十二条第一款的规定，确定差额数，进行差额选举。

第二十五条 地方各级人民代表大会补选常务委员会主任、副主任、秘书长、委员，乡、民族乡、镇的人民代表大会主席、副主席，省长、副省长，自治区主席、副主席，市长、副市长，州长、副州长，县长、副县长，区长、副区长，乡长、副乡长，镇长、副镇长，人民法院院长，人民检察院检察长时，候选人数可以多于应选人数，也可以同应选人数相等。选举办法由本级人民代表大会决定。

第二十六条 县级以上的地方各级人民代表大会举行会议的时候，主席团、常务委员会或者十分之一以上代表联名，可以提出对本级人民代表大会常务委员会组成人员、人民政府组成人员、人民法院院长、人民检察院检察长的罢免案，由主席团提请大会审议。

乡、民族乡、镇的人民代表大会举行会议的时候，主席团或者五分之一以上代表联名，可以提出对人民代表大会主席、副主席，乡长、副乡长，镇长、副镇长的罢免案，由主席团提请大会审议。

罢免案应当写明罢免理由。

被提出罢免的人员有权在主席团会议或者大会全体会议上提出申辩意见，或者书面提出申辩意见。在主席团会议上提出的申辩意见或者书面提出的申辩意见，由主席团印发会议。

向县级以上的地方各级人民代表大会提出的罢免案，由主席团交会议审议后，提请全体会议表决；或者由主席团提议，经全体会议决定，组织调查委员会，由本级人民代表大会下次会议根据调查委员会的报告审议决定。

第二十七条 县级以上的地方各级人民代表大会常务委员会组成人员和人民政府领导人员，人民法院院长，人民检察院检察长，可以向本级人民代表大会提出辞职，由大会决定是否接受辞职；大会闭会期间，可以向本级人民代表大会常务委员会提出辞职，由常务委员会决定是否接受辞职。常务委员会决定接受辞职后，报本级人民代表大会备案。人民检察院检察长的辞职，须报经上一级人民检察院检察长提请该级人民代表大会常务委员会批准。

乡、民族乡、镇的人民代表大会主席、副主席，乡长、副乡长，镇长、副镇长，可以向本级人民代表大会提出辞职，由大会决定是否接受辞职。

第二十八条 地方各级人民代表大会举行会议的时候，代表十人以上联名可以书面提出对本级人民政府和它所属各工作部门以及人民法院、人民检察院的质询案。质询案必须写明质询对象、质询的问题和内容。

质询案由主席团决定交由受质询机关在主席团会议、大会全体会议或者有关的专门委员会会议上口头答复，或者由受质询机关书面答复。在主席团会议或者专门委员会会议上答复的，提质询案的代表有权列席会议，发表意见；主席团认为必要的时候，可以将答复质询案的情况报告印发会议。

质询案以口头答复的，应当由受质询机关的负责人到会答复；质询案以书面答复的，应当由受质询机关的负责人签署，由主席团印发会议或者印发提质询案的代表。

第二十九条 在地方各级人民代表大会审议议案的时候，代表可以向有关地方国家机关提出询问，由有关机关派人说明。

第三十条 省、自治区、直辖市、自治州、设区的市的人民代表大会根据需要，可以设法制委员会、财政经济委员会、教育科学文化卫生委员会等专门委员会；县、自治县、不设区的市、市辖区的人民代表大会根据需要，可以设法制委员会、财政经济委员会等专门委员会。各专门委员会受本级人民代表大会领导；在大会闭会期间，受本级人民代表大会常务委员会领导。

各专门委员会的主任委员、副主任委员和委员的人选，由主席团在代表中提名，大会通过。在大会闭会期间，常务委员会可以任免专门委员会的个别副主任委员和部分委员，由主任会议提名，常务委员会会议通过。

各专门委员会在本级人民代表大会及其常务委员会领导下，研究、审议和拟订有关议案；对属于本级人民代表大会及其常务委员会职权范围内同本委员会有关的问题，进行调查研究，提出建议。

第三十一条 县级以上的地方各级人民代表大会可以组织关于特定问题的调查委员会。

主席团或者十分之一以上代表书面联名，可以向本级人民代表大会提议组织关于特定问题的调查委员会，由主席团提请全体会议决定。

调查委员会由主任委员、副主任委员和委员组成，由主席团在代表中提名，提请全体会议通过。

调查委员会应当向本级人民代表大会提出调查报告。人民代表大会根据调查委员会的报告，可以作出相应的决议。人民代表大会可以授权它的常务委员会听取调查委员会的调查报告，常务委员会可以作出相应的决议，报人民代表大会下次会议备案。

第三十二条　乡、民族乡、镇的每届人民代表大会第一次会议通过的代表资格审查委员会，行使职权至本届人民代表大会任期届满为止。

第三十三条　地方各级人民代表大会代表任期，从每届本级人民代表大会举行第一次会议开始，到下届本级人民代表大会举行第一次会议为止。

第三十四条　地方各级人民代表大会代表、常务委员会组成人员，在人民代表大会和常务委员会会议上的发言和表决，不受法律追究。

第三十五条　县级以上的地方各级人民代表大会代表，非经本级人民代表大会主席团许可，在大会闭会期间，非经本级人民代表大会常务委员会许可，不受逮捕或者刑事审判。如果因为是现行犯被拘留，执行拘留的公安机关应当立即向该级人民代表大会主席团或者常务委员会报告。

第三十六条　地方各级人民代表大会代表在出席人民代表大会会议和执行代表职务的时候，国家根据需要给予往返的旅费和必要的物质上的便利或者补贴。

第三十七条　地方各级人民代表大会代表应当与原选区选民或者原选举单位和人民群众保持密切联系，听取和反映他们的意见和要求。

省、自治区、直辖市、自治州、设区的市的人民代表大会代表可以列席原选举单位的人民代表大会会议。

县、自治县、不设区的市、市辖区、乡、民族乡、镇的人民代表大会代表分工联系选民，有代表三人以上的居民地区或者生产单位可以组织代表小组。

第三十八条 省、自治区、直辖市、自治州、设区的市的人民代表大会代表受原选举单位的监督；县、自治县、不设区的市、市辖区、乡、民族乡、镇的人民代表大会代表受选民的监督。

地方各级人民代表大会代表的选举单位和选民有权随时罢免自己选出的代表。代表的罢免必须由原选举单位以全体代表的过半数通过，或者由原选区以选民的过半数通过。

第三十九条 地方各级人民代表大会代表因故不能担任代表职务的时候，由原选举单位或者由原选区选民补选。

第三章 县级以上的地方各级人民代表大会常务委员会

第四十条 省、自治区、直辖市、自治州、县、自治县、市、市辖区的人民代表大会设立常务委员会。

县级以上的地方各级人民代表大会常务委员会是本级人民代表大会的常设机关，对本级人民代表大会负责并报告工作。

第四十一条 省、自治区、直辖市、自治州、设区的市的人民代表大会常务委员会由本级人民代表大会在代表中选举主任、副主任若干人、秘书长、委员若干人组成。

县、自治县、不设区的市、市辖区的人民代表大会常务委员会由本级人民代表大会在代表中选举主任、副主任若干人和委员若干人组成。

常务委员会的组成人员不得担任国家行政机关、审判机关和检察机关的职务；如果担任上述职务，必须向常务委员会辞去常务委员会的职务。

常务委员会组成人员的名额：

（一）省、自治区、直辖市三十五人至六十五人，人口超过八千万的省不超过八十五人；

（二）设区的市、自治州十九人至四十一人，人口超过八百万的设区的市不超过五十一人；

（三）县、自治县、不设区的市、市辖区十五人至三十五人，人口超过一百万的县、自治县、不设区的市、市辖区不超过四十五人。

省、自治区、直辖市每届人民代表大会常务委员会组成人员的名额，由省、自治区、直辖市的人民代表大会依照前款规定，按人口多少确定。自治州、县、自治县、市、市辖区每届人民代表大会常务委员会组成人员的名额，由省、自治区、直辖市的人民代表大会常务委员会依照前款规定，按人口多少确定。每届人民代表大会常务委员会组成人员的名额经确定后，在本届人民代表大会的任期内不再变动。

第四十二条　县级以上的地方各级人民代表大会常务委员会每届任期同本级人民代表大会每届任期相同，它行使职权到下届本级人民代表大会选出新的常务委员会为止。

第四十三条　省、自治区、直辖市的人民代表大会常务委员会在本级人民代表大会闭会期间，根据本行政区域的具体情况和实际需要，在不同宪法、法律、行政法规相抵触的前提下，可以制定和颁布地方性法规，报全国人民代表大会常务委员会和国务院备案。

设区的市的人民代表大会常务委员会在本级人民代表大会闭会期间，根据本市的具体情况和实际需要，在不同宪法、法律、行政法规和本省、自治区的地方性法规相抵触的前提下，可以制定地方性法规，报省、自治区的人民代表大会常务委员会批准后施行，并由省、自治区的人民代表大会常务委员会报全国人民代表大会常务委员会和国务院备案。

第四十四条　县级以上的地方各级人民代表大会常务委员会行

使下列职权：

（一）在本行政区域内，保证宪法、法律、行政法规和上级人民代表大会及其常务委员会决议的遵守和执行；

（二）领导或者主持本级人民代表大会代表的选举；

（三）召集本级人民代表大会会议；

（四）讨论、决定本行政区域内的政治、经济、教育、科学、文化、卫生、环境和资源保护、民政、民族等工作的重大事项；

（五）根据本级人民政府的建议，决定对本行政区域内的国民经济和社会发展计划、预算的部分变更；

（六）监督本级人民政府、人民法院和人民检察院的工作，联系本级人民代表大会代表，受理人民群众对上述机关和国家工作人员的申诉和意见；

（七）撤销下一级人民代表大会及其常务委员会的不适当的决议；

（八）撤销本级人民政府的不适当的决定和命令；

（九）在本级人民代表大会闭会期间，决定副省长、自治区副主席、副市长、副州长、副县长、副区长的个别任免；在省长、自治区主席、市长、州长、县长、区长和人民法院院长、人民检察院检察长因故不能担任职务的时候，从本级人民政府、人民法院、人民检察院副职领导人员中决定代理的人选；决定代理检察长，须报上一级人民检察院和人民代表大会常务委员会备案；

（十）根据省长、自治区主席、市长、州长、县长、区长的提名，决定本级人民政府秘书长、厅长、局长、委员会主任、科长的任免，报上一级人民政府备案；

（十一）按照人民法院组织法和人民检察院组织法的规定，任免人民法院副院长、庭长、副庭长、审判委员会委员、审判员，任免人民检察院副检察长、检察委员会委员、检察员，批准任免下一级人民检察院检察长；省、自治区、直辖市的人民代表大会常务委员会根据主任会议的提名，决定在省、自治区内按地区设立的和在直辖市内设立的中级人民法院院长的任免，根据省、自治区、直辖市的人民检察院检察长的提名，决定人民检察院分院检察长的任免；

（十二）在本级人民代表大会闭会期间，决定撤销个别副省长、自治区副主席、副市长、副州长、副县长、副区长的职务；决定撤销由它任命的本级人民政府其他组成人员和人民法院副院长、庭长、副庭长、审判委员会委员、审判员，人民检察院副检察长、检察委员会委员、检察员，中级人民法院院长，人民检察院分院检察长的职务；

（十三）在本级人民代表大会闭会期间，补选上一级人民代表大会出缺的代表和罢免个别代表；

（十四）决定授予地方的荣誉称号。

第四十五条　常务委员会会议由主任召集，每两个月至少举行一次。

常务委员会的决议，由常务委员会以全体组成人员的过半数通过。

第四十六条　县级以上的地方各级人民代表大会常务委员会主任会议可以向本级人民代表大会常务委员会提出属于常务委员会职权范围内的议案，由常务委员会会议审议。

县级以上的地方各级人民政府、人民代表大会各专门委员会，可以向本级人民代表大会常务委员会提出属于常务委员会职权范围内的议案，由主任会议决定提请常务委员会会议审议，或者先交有关的专门委员会审议、提出报告，再提请常务委员会会议审议。

省、自治区、直辖市、自治州、设区的市的人民代表大会常务委员会组成人员五人以上联名，县级的人民代表大会常务委员会组成人员三人以上联名，可以向本级常务委员会提出属于常务委员会职权范围内的议案，由主任会议决定是否提请常务委员会会议审议，或者先交有关的专门委员会审议、提出报告，再决定是否提请常务委员会会议审议。

第四十七条　在常务委员会会议期间，省、自治区、直辖市、自治州、设区的市的人民代表大会常务委员会组成人员五人以上联名，县级的人民代表大会常务委员会组成人员三人以上联名，可以向常务委员会书面提出对本级人民政府、人民法院、人民检察院的质询案。质询案必须写明质询对象、质询的问题和内容。

质询案由主任会议决定交由受质询机关在常务委员会全体会议上或者有关的专门委员会会议上口头答复，或者由受质询机关书面答复。在专门委员会会议上答复的，提质询案的常务委员会组成人员有权列席会议，发表意见；主任会议认为必要的时候，可以将答复质询案的情况报告印发会议。

质询案以口头答复的，应当由受质询机关的负责人到会答复；质询案以书面答复的，应当由受质询机关的负责人签署，由主任会议印发会议或者印发提质询案的常务委员会组成人员。

第四十八条　省、自治区、直辖市、自治州、设区的市的人民代表大会常务委员会主任、副主任和秘书长组成主任会议；县、自治县、不设区的市、市辖区的人民代表大会常务委员会主任、副主任组成主任会议。主任会议处理常务委员会的重要日常工作。

第四十九条　常务委员会主任因为健康情况不能工作或者缺位的时候，由常务委员会在副主任中推选一人代理主任的职务，直到主任恢复健康或者人民代表大会选出新的主任为止。

第五十条　县级以上的地方各级人民代表大会常务委员会设立代表资格审查委员会。

代表资格审查委员会的主任委员、副主任委员和委员的人选，由常务委员会主任会议在常务委员会组成人员中提名，常务委员会会议通过。

第五十一条　代表资格审查委员会审查代表的选举是否符合法

律规定。

第五十二条　主任会议或者五分之一以上的常务委员会组成人员书面联名，可以向本级人民代表大会常务委员会提议组织关于特定问题的调查委员会，由全体会议决定。

调查委员会由主任委员、副主任委员和委员组成，由主任会议在常务委员会组成人员和其他代表中提名，提请全体会议通过。

调查委员会应当向本级人民代表大会常务委员会提出调查报告。常务委员会根据调查委员会的报告，可以作出相应的决议。

第五十三条　常务委员会根据工作需要，设立办事机构和其他工作机构。

省、自治区的人民代表大会常务委员会可以在地区设立工作机构。

市辖区、不设区的市的人民代表大会常务委员会可以在街道设立工作机构。工作机构负责联系街道辖区内的人民代表大会代表，组织代表开展活动，反映代表和群众的建议、批评和意见，办理常务委员会交办的监督、选举以及其他工作，并向常务委员会报告工作。

第四章　地方各级人民政府

第五十四条　地方各级人民政府是地方各级人民代表大会的执行机关，是地方各级国家行政机关。

第五十五条　地方各级人民政府对本级人民代表大会和上一级国家行政机关负责并报告工作。县级以上的地方各级人民政府在本级人民代表大会闭会期间，对本级人民代表大会常务委员会负责并报告工作。

全国地方各级人民政府都是国务院统一领导下的国家行政机关，都服从国务院。

地方各级人民政府必须依法行使行政职权。

第五十六条 省、自治区、直辖市、自治州、设区的市的人民政府分别由省长、副省长，自治区主席、副主席，市长、副市长，州长、副州长和秘书长、厅长、局长、委员会主任等组成。

县、自治县、不设区的市、市辖区的人民政府分别由县长、副县长，市长、副市长，区长、副区长和局长、科长等组成。

乡、民族乡的人民政府设乡长、副乡长。民族乡的乡长由建立民族乡的少数民族公民担任。镇人民政府设镇长、副镇长。

第五十七条 新的一届人民政府领导人员依法选举产生后，应当在两个月内提请本级人民代表大会常务委员会任命人民政府秘书长、厅长、局长、委员会主任、科长。

第五十八条 地方各级人民政府每届任期五年。

第五十九条 县级以上的地方各级人民政府行使下列职权：

（一）执行本级人民代表大会及其常务委员会的决议，以及上级国家行政机关的决定和命令，规定行政措施，发布决定和命令；

（二）领导所属各工作部门和下级人民政府的工作；

（三）改变或者撤销所属各工作部门的不适当的命令、指示和下级人民政府的不适当的决定、命令；

（四）依照法律的规定任免、培训、考核和奖惩国家行政机关工作人员；

（五）执行国民经济和社会发展计划、预算，管理本行政区域内的经济、教育、科学、文化、卫生、体育事业、环境和资源保护、城乡建设事业和财政、民政、公安、民族事务、司法行政、监察、计划生育等行政工作；

（六）保护社会主义的全民所有的财产和劳动群众集体所有的财产，保护公民私人所有的合法财产，维护社会秩序，保障公民的人身权利、民主权利和其他权利；

（七）保护各种经济组织的合法权益；

（八）保障少数民族的权利和尊重少数民族的风俗习惯，帮助本行政区域内各少数民族聚居的地方依照宪法和法律实行区域自治，帮助各少数民族发展政治、经济和文化的建设事业；

（九）保障宪法和法律赋予妇女的男女平等、同工同酬和婚姻自由等各项权利；

（十）办理上级国家行政机关交办的其他事项。

第六十条 省、自治区、直辖市的人民政府可以根据法律、行政法规和本省、自治区、直辖市的地方性法规，制定规章，报国务院和本级人民代表大会常务委员会备案。设区的市的人民政府可以根据法律、行政法规和本省、自治区的地方性法规，制定规章，报国务院和省、自治区的人民代表大会常务委员会、人民政府以及本级人民代表大会常务委员会备案。

依照前款规定制定规章，须经各该级政府常务会议或者全体会议讨论决定。

第六十一条 乡、民族乡、镇的人民政府行使下列职权：

（一）执行本级人民代表大会的决议和上级国家行政机关的决定和命令，发布决定和命令；

（二）执行本行政区域内的经济和社会发展计划、预算，管理本行政区域内的经济、教育、科学、文化、卫生、体育事业和财政、民政、公安、司法行政、计划生育等行政工作；

（三）保护社会主义的全民所有的财产和劳动群众集体所有的财产，保护公民私人所有的合法财产，维护社会秩序，保障公民的人身权利、民主权利和其他权利；

（四）保护各种经济组织的合法权益；

（五）保障少数民族的权利和尊重少数民族的风俗习惯；

（六）保障宪法和法律赋予妇女的男女平等、同工同酬和婚姻自由等各项权利；

（七）办理上级人民政府交办的其他事项。

第六十二条 地方各级人民政府分别实行省长、自治区主席、市长、州长、县长、区长、乡长、镇长负责制。

省长、自治区主席、市长、州长、县长、区长、乡长、镇长分别主持地方各级人民政府的工作。

第六十三条 县级以上的地方各级人民政府会议分为全体会议和常务会议。全体会议由本级人民政府全体成员组成。省、自治区、直辖市、自治州、设区的市的人民政府常务会议，分别由省长、副省长，自治区主席、副主席，市长、副市长，州长、副州长和秘书长组成。县、自治县、不设区的市、市辖区的人民政府常务会议，分别由县长、副县长，市长、副市长，区长、副区长组成。省长、自治区主席、市长、州长、县长、区长召集和主持本级人民政府全体会议和常务会议。政府工作中的重大问题，须经政府常务会议或者全体会议讨论决定。

第六十四条 地方各级人民政府根据工作需要和精干的原则，设立必要的工作部门。

县级以上的地方各级人民政府设立审计机关。地方各级审计机关依照法律规定独立行使审计监督权，对本级人民政府和上一级审计机关负责。

省、自治区、直辖市的人民政府的厅、局、委员会等工作部门的设立、增加、减少或者合并，由本级人民政府报请国务院批准，并报本级人民代表大会常务委员会备案。

自治州、县、自治县、市、市辖区的人民政府的局、科等工作部门的设立、增加、减少或者合并，由本级人民政府报请上一级人民政府批准，并报本级人民代表大会常务委员会备案。

第六十五条 各厅、局、委员会、科分别设厅长、局长、主任、科长，在必要的时候可以设副职。

办公厅、办公室设主任，在必要的时候可以设副主任。

省、自治区、直辖市、自治州、设区的市的人民政府设秘书长一人，副秘书长若干人。

第六十六条 省、自治区、直辖市的人民政府的各工作部门受人民政府统一领导，并且依照法律或者行政法规的规定受国务院主管部门的业务指导或者领导。

自治州、县、自治县、市、市辖区的人民政府的各工作部门受人民政府统一领导，并且依照法律或者行政法规的规定受上级人民政府主管部门的业务指导或者领导。

第六十七条 省、自治区、直辖市、自治州、县、自治县、市、市辖区的人民政府应当协助设立在本行政区域内不属于自己管理的国家机关、企业、事业单位进行工作，并且监督它们遵守和执行法律和政策。

第六十八条 省、自治区的人民政府在必要的时候，经国务院批准，可以设立若干派出机关。

县、自治县的人民政府在必要的时候，经省、自治区、直辖市的人民政府批准，可以设立若干区公所，作为它的派出机关。

市辖区、不设区的市的人民政府，经上一级人民政府批准，可以设立若干街道办事处，作为它的派出机关。

第五章 附 则

第六十九条 省、自治区、直辖市的人民代表大会及其常务委员会可以根据本法和实际情况，对执行中的问题作具体规定。

附　录

中华人民共和国城市居民委员会组织法

中华人民共和国主席令

七届第 21 号

《中华人民共和国城市居民委员会组织法》已由中华人民共和国第七届全国人民代表大会常务委员会第十一次会议于 1989 年 12 月 26 日通过，现予公布，自 1990 年 1 月 1 日起施行。

中华人民共和国主席　杨尚昆

1989 年 12 月 26 日

第一条　为了加强城市居民委员会的建设，由城市居民群众依法办理群众自己的事情，促进城市基层社会主义民主和城市社会主义物质文明、精神文明建设的发展，根据宪法，制定本法。

第二条　居民委员会是居民自我管理、自我教育、自我服务的基层群众性自治组织。

不设区的市、市辖区的人民政府或者它的派出机关对居民委员会的工作给予指导、支持和帮助。居民委员会协助不设区的市、市辖区的人民政府或者它的派出机关开展工作。

第三条　居民委员会的任务：

（一）宣传宪法、法律、法规和国家的政策，维护居民的合法权益，教育居民履行依法应尽的义务，爱护公共财产，开展多种形式的社会主义精神文明建设活动；

（二）办理本居住地区居民的公共事务和公益事业；

（三）调解民间纠纷；

（四）协助维护社会治安；

（五）协助人民政府或者它的派出机关做好与居民利益有关的公共卫生、计划生育、优抚救济、青少年教育等项工作；

（六）向人民政府或者它的派出机关反映居民的意见、要求和提出建议。

第四条　居民委员会应当开展便民利民的社区服务活动，可以兴办有关的服务事业。

居民委员会管理本居民委员会的财产，任何部门和单位不得侵犯居民委员会的财产所有权。

第五条　多民族居住地区的居民委员会，应当教育居民互相帮助，互相尊重，加强民族团结。

第六条　居民委员会根据居民居住状况，按照便于居民自治的原则，一般在一百户至七百户的范围内设立。

居民委员会的设立、撤销、规模调整，由不设区的市、市辖区的人民政府决定。

第七条　居民委员会由主任、副主任和委员共五至九人组成。多民族居住地区，居民委员会中应当有人数较少的民族的成员。

第八条　居民委员会主任、副主任和委员，由本居住地区全体有选举权的居民或者由每户派代表选举产生；根据居民意见，也可以由每个居民小组选举代表二至三人选举产生。居民委员会每届任期三年，其成员可以连选连任。

年满十八周岁的本居住地区居民，不分民族、种族、性别、职业、家庭出身、宗教信仰、教育程度、财产状况、居住期限，都有选举权和被选举权；但是，依照法律被剥夺政治权利的人除外。

第九条 居民会议由十八周岁以上的居民组成。

居民会议可以由全体十八周岁以上的居民或者每户派代表参加，也可以由每个居民小组选举代表二至三人参加。

居民会议必须有全体十八周岁以上的居民、户的代表或者居民小组选举的代表的过半数出席，才能举行。会议的决定，由出席人的过半数通过。

第十条 居民委员会向居民会议负责并报告工作。

居民会议由居民委员会召集和主持。有五分之一以上的十八周岁以上的居民、五分之一以上的户或者三分之一以上的居民小组提议，应当召集居民会议。涉及全本居民利益的重要问题，居民委员会必须提请居民会议讨论决定。

居民会议有权撤换和补选居民委员会成员。

第十一条 居民委员会决定问题，采取少数服从多数的原则。

居民委员会进行工作，应当采取民主的方法，不得强迫命令。

第十二条 居民委员会成员应当遵守宪法、法律、法规和国家的政策，办事公道，热心为居民服务。

第十三条 居民委员会根据需要设人民调解、治安保卫、公共卫生等委员会。居民委员会成员可以兼任下属的委员会的成员。居民较少的居民委员会可以不设下属的委员会，由居民委员会的成员分工负责有关工作。

第十四条 居民委员会可以分设若干居民小组，小组长由居民小组推选。

第十五条 居民公约由居民会议讨论制定，报不设区的市、市辖区的人民政府或者它的派出机关备案，由居民委员会监督执行。居民应当遵守居民会议的决议和居民公约。

居民公约的内容不得与宪法、法律、法规和国家的政策相抵触。

第十六条　居民委员会办理本居住地区公益事业所需的费用，经居民会议讨论决定，可以根据自愿原则向居民筹集，也可以向本居住地区的受益单位筹集，但是必须经受益单位同意；收支帐目应当及时公布，接受居民监督。

第十七条　居民委员会的工作经费和来源，居民委员会成员的生活补贴费的范围、标准和来源，由不设区的市、市辖区的人民政府或者上级人民政府规定并拨付；经居民会议同意，可以从居民委员会的经济收入中给予适当补助。

居民委员会的办公用房，由当地人民政府统筹解决。

第十八条　依照法律被剥夺政治权利的人编入居民小组，居民委员会应当对他们进行监督和教育。

第十九条　机关、团体、部队、企业事业组织，不参加所在地的居民委员会，但是应当支持所在地的居民委员会的工作。所在地的居民委员会讨论同这些单位有关的问题，需要他们参加会议时，他们应当派代表参加，并且遵守居民委员会的有关决定和居民公约。

前款所列单位的职工及家属、军人及随军家属，参加居住地区的居民委员会；其家属聚居区可以单独成立家属委员会，承担居民委员会的工作，在不设区的市、市辖区的人民政府或者它的派出机关和本单位的指导下进行工作。家属委员会的工作经费和家属委员会成员的生活补贴费、办公用房，由所属单位解决。

第二十条　市、市辖区的人民政府有关部门，需要居民委员会或者它的下属委员会协助进行的工作，应当经市、市辖区的人民政府或者它的派出机关同意并统一安排。市、市辖区的人民政府的有关部门，可以对居民委员会有关的下属委员会进行业务指导。

第二十一条 本法适用于乡、民族乡、镇的人民政府所在地设立的居民委员会。

第二十二条 省、自治区、直辖市的人民代表大会常务委员会可以根据本法制定实施办法。

第二十三条 本法自1990年1月1日起施行。1954年12月31日全国人民代表大会常务委员会通过的《城市居民委员会组织条例》同时废止。

《村规民约》通用范文（一）

为了推进我村民主法制建设，维护社会稳定，树立良好的民风、村风，创造安居乐业的社会环境，促进经济发展，建设文明卫生新农村，经全体村民讨论通过，制定本村规民约。

一、社会治安

1. 每个村民都要学法、知法、守法、自觉维护法律尊严，积极同一切违法犯罪行为作斗争。

2. 村民之间应团结友爱，和睦相处，不打架斗殴，不酗酒滋事，严禁侮辱、诽谤他人，严禁造谣惑众、拨弄是非。

3. 自觉维护社会秩序和公共安全，不扰乱公共秩序，不阻碍公务人员执行公务。

4. 严禁偷盗、敲诈、哄抢国家、集体、个人财物，严禁赌博、严禁替罪犯藏匿赃物。

5. 严禁非法生产、运输、储存和买卖爆炸物品；经销烟火、爆竹等易燃易爆物品须经公安机关等有关部门批准。不得私藏枪支弹药，拾得枪支弹药、爆炸物品，要及时上缴公安机关。

6. 爱护公共财产，不得损坏水利、道路交通、供电、通讯、生产等公共设施。

7. 严禁非法限制他人人身自由或非法侵犯他人住宅，不准隐匿、毁弃、私拆他人邮件。

8. 严禁私自砍伐国家、集体或他人的林木，严禁损害他人庄稼、瓜果及其他农作物，加强牲畜看管，严禁放浪猪、牛、羊。

对违反上述社会治安条款者，触犯法律法规的，报送司法机关处理。尚未触犯刑律和治安处罚条例的，由村委会批评教育，责令改正。

二、消防安全

1. 加强野外用火管理，严防山火发生。

2. 家庭用火做到人离火灭，严禁将易燃易爆物品堆放户内、寨内，定期检查、排除各种火灾隐患。

3. 加强村寨防火设施建设，定期检查消防池、消防水管和消防栓，保证消防用水正常。

4. 对村内、户内电线要定期检查，损坏的要请电工及时修理、更新，严禁乱拉乱接电线。

5. 加强村民尤其是少年儿童安全用火用电知识宣传教育，提高全体村民消防安全知识水平和意识。

三、村风民俗

1. 提倡社会主义精神文明，移风易俗，反对封建迷信及其他不文明行为，树立良好的民风、村风。

2. 红白喜事由红白喜事理事会管理，喜事新办，丧事从俭，破除陈规旧俗，反对铺张浪费、反对大操大办。

3. 不请神弄鬼或装神弄鬼，不搞封建迷信活动，不听、看、传淫秽书刊、音像，不参加非法组织。

4. 建立正常的人际关系，不搞宗派活动，反对家族主义。

5. 积极开展文明卫生村建设，搞好公共卫生，加强村容村貌整治，严禁随地乱倒乱堆垃圾、秽物，修房盖屋余下的垃圾碎片应及时清理，柴草、粪土应定点堆放。

6. 建房应服从村庄建设规划，安排，不得私搭乱建。

违犯上述规定的给予批评教育，出具检讨书，情节严重的交上级有关部门处理。

四、邻里关系

1. 村民之间要互尊、互爱、互助，和睦相处，建立良好的邻里关系。

2. 在生产、生活、社会交往过程中，应遵循平等、自愿、互惠互利的原则，发扬社会主义主义新风尚。

3. 邻里纠纷，应本着团结友爱的原则平等协商解决，协商不成的可申请村调解委调解，也可通依法向人民法院起诉，树立依法维权意识，不得以牙还牙，以暴制暴。

五、婚姻家庭

1. 遵循婚姻自由、男女平等、一夫一妻、尊老爱幼的原则，建立团结和睦的家庭关系。

2. 婚姻大事由本人作主，反对包办干涉，男女青年结婚必须符合法定结婚年龄要求，提倡晚婚晚育。

3. 自觉遵守计划生育法律、法规、政策，实行计划生育，提倡优生优育，严禁无计划生育或超生。

4. 夫妻地位平等，共同承担家务劳动，共同管理家庭财产，反对家庭暴力。

5. 父母应尽抚养、教育未成年子女的义务，禁止歧视、虐待、遗弃女婴，破除生男才能传宗接代的陋习。子女应尽赡养老人的义务，不得歧视、虐待老人。

《村规民约》通用范文（二）

1. 热爱祖国，热爱中国共产党，热爱集体，学法知法，遵纪守法，同一切违法犯罪行为作斗争。

2. 爱护公共财物，不得损坏水利、交通、通讯、供电、供水、生产、休闲场所等公共设施，未经批准，不私自安装用水用电设施，节约用水用电，严禁偷水偷电，发现违规人和事，要积极制止并及时向村委会报告。

3. 团结友爱，相互尊重，相互理解，相互帮助，和睦相处，不打架斗殴，不诽谤他人，不造谣惑众，不拨弄是非，不仗势欺人，建立良好的邻里关系。

4. 提倡社会主义精神文明，移风易俗，喜事新办，不铺张浪费，丧事从俭，不搞陈规旧俗，不搞宗族派性，反对家族主义，反对封建迷信及其他不文明行为，树立良好的社会风尚。

5. 搞好公共卫生和村容整洁，做到人畜分离，垃圾不乱倒，粪土不乱堆，污水不乱流，柴草不乱放，房前屋后不积水，檐沟处处要疏通。

6. 依法使用宅基地，服从村镇建房规划，不损害整体规划和四邻利益。

7. 严禁私自砍伐国家、集体或他人的林木，不准在村附近或田边路旁乱挖土，严禁损害庄稼、瓜果及其他作物。

8. 自觉养路护路，维护道路畅通，不准在村道、主道边搭建违章建筑、堆放废土、乱石、杂物，不准在路道上乱挖排水沟，不准在路肩上种植作物，侵占路面。

9. 计划生育，晚婚晚育，优生优育，男女平等，尊老爱幼。

中华人民共和国全国人民代表大会和地方各级人民代表大会选举法

中华人民共和国主席令

第三十三号

《全国人民代表大会常务委员会关于修改〈中华人民共和国地方各级人民代表大会和地方各级人民政府组织法〉、〈中华人民共和国全国人民代表大会和地方各级人民代表大会选举法〉、〈中华人民共和国全国人民代表大会和地方各级人民代表大会代表法〉的决定》已由中华人民共和国第十二届全国人民代表大会常务委员会第十六次会议于2015年8月29日通过，现予公布，自公布之日起施行。

中华人民共和国主席　习近平

2015年8月29日

（1979年7月1日第五届全国人民代表大会第二次会议通过

根据1982年12月10日第五届全国人民代表大会第五次

会议《关于修改〈中华人民共和国全国人民代表大会和地方各级人民代表大会选举法〉的若干规定的决议》第一次修正

根据1986年12月2日第六届全国人民代表大会常务委员会第十八次会议《关于修改〈中华人民共和国全国人民代表大会和地方各级人民代表大会选举法〉的决定》第二次修正

根据1995年2月28日第八届全国人民代表大会常务委员会第十二次会议《关于修改〈中华人民共和国全国人民代表大会和地方各级人民代表大会选举法〉的决定》第三次修正

根据2004年10月27日第十届全国人民代表大会常务委员会第十二次会议《关于修改〈中华人民共和国全国人民代表大会和地方各级人民代表大会选举法〉的决定》第四次修正

根据2010年3月14日第十一届全国人民代表大会第三次会议《关于修改〈中华人民共和国全国人民代表大会和地方各级人民代表大会选举法〉的决定》第五次修正

根据2015年8月29日第十二届全国人民代表大会常务委员会第十六次会议《关于修改〈中华人民共和国地方各级人民代表大会和地方各级人民政府组织法〉、〈中华人民共和国全国人民代表大会和地方各级人民代表大会选举法〉、〈中华人民共和国全国人民代表大会和地方各级人民代表大会代表法〉的决定》第六次修正)

第一章　总　则

第一条　根据中华人民共和国宪法，制定全国人民代表大会和地方各级人民代表大会选举法。

第二条 全国人民代表大会的代表，省、自治区、直辖市、设区的市、自治州的人民代表大会的代表，由下一级人民代表大会选举。

不设区的市、市辖区、县、自治县、乡、民族乡、镇的人民代表大会的代表，由选民直接选举。

第三条 中华人民共和国年满十八周岁的公民，不分民族、种族、性别、职业、家庭出身、宗教信仰、教育程度、财产状况和居住期限，都有选举权和被选举权。

依照法律被剥夺政治权利的人没有选举权和被选举权。

第四条 每一选民在一次选举中只有一个投票权。

第五条 人民解放军单独进行选举，选举办法另订。

第六条 全国人民代表大会和地方各级人民代表大会的代表应当具有广泛的代表性，应当有适当数量的基层代表，特别是工人、农民和知识分子代表；应当有适当数量的妇女代表，并逐步提高妇女代表的比例。

全国人民代表大会和归侨人数较多地区的地方人民代表大会，应当有适当名额的归侨代表。

旅居国外的中华人民共和国公民在县级以下人民代表大会代表选举期间在国内的，可以参加原籍地或者出国前居住地的选举。

第七条 全国人民代表大会和地方各级人民代表大会的选举经费，列入财政预算，由国库开支。

第二章　选举机构

第八条 全国人民代表大会常务委员会主持全国人民代表大会代表的选举。省、自治区、直辖市、设区的市、自治州的人民代表大会常务委员会主持本级人民代表大会代表的选举。

不设区的市、市辖区、县、自治县、乡、民族乡、镇设立选举委员会，主持本级人民代表大会代表的选举。不设区的市、市辖区、县、自治县的选举委员会受本级人民代表大会常务委员会的领导。乡、民族乡、镇的选举委员会受不设区的市、市辖区、县、自治县的人民代表大会常务委员会的领导。

省、自治区、直辖市、设区的市、自治州的人民代表大会常务委员会指导本行政区域内县级以下人民代表大会代表的选举工作。

第九条 不设区的市、市辖区、县、自治县的选举委员会的组成人员由本级人民代表大会常务委员会任命。乡、民族乡、镇的选举委员会的组成人员由不设区的市、市辖区、县、自治县的人民代表大会常务委员会任命。

选举委员会的组成人员为代表候选人的，应当辞去选举委员会的职务。

第十条 选举委员会履行下列职责：

（一）划分选举本级人民代表大会代表的选区，分配各选区应选代表的名额；

（二）进行选民登记，审查选民资格，公布选民名单；受理对于选民名单不同意见的申诉，并作出决定；

（三）确定选举日期；

（四）了解核实并组织介绍代表候选人的情况；根据较多数选民的意见，确定和公布正式代表候选人名单；

（五）主持投票选举；

（六）确定选举结果是否有效，公布当选代表名单；

（七）法律规定的其他职责。

选举委员会应当及时公布选举信息。

第三章　地方各级人民代表大会代表名额

第十一条　地方各级人民代表大会的代表名额，按照下列规定确定：

（一）省、自治区、直辖市的代表名额基数为三百五十名，省、自治区每十五万人可以增加一名代表，直辖市每二万五千人可以增加一名代表；但是，代表总名额不得超过一千名；

（二）设区的市、自治州的代表名额基数为二百四十名，每二万五千人可以增加一名代表；人口超过一千万的，代表总名额不得超过六百五十名；

（三）不设区的市、市辖区、县、自治县的代表名额基数为一百二十名，每五千人可以增加一名代表；人口超过一百六十五万的，代表总名额不得超过四百五十名；人口不足五万的，代表总名额可以少于一百二十名；

（四）乡、民族乡、镇的代表名额基数为四十名，每一千五百人可以增加一名代表；但是，代表总名额不得超过一百六十名；人口不足二千的，代表总名额可以少于四十名。

按照前款规定的地方各级人民代表大会的代表名额基数与按人口数增加的代表数相加，即为地方各级人民代表大会的代表总名额。

自治区、聚居的少数民族多的省，经全国人民代表大会常务委员会决定，代表名额可以另加百分之五。聚居的少数民族多或者人口居住分散的县、自治县、乡、民族乡，经省、自治区、直辖市的人民代表大会常务委员会决定，代表名额可以另加百分之五。

第十二条　省、自治区、直辖市的人民代表大会代表的具体名额，由全国人民代表大会常务委员会依照本法确定。设区的市、自治州和县级的人民代表大会代表的具体名额，由省、自治区、直辖市的人民代表大会常务委员会依照本法确定，报全国人民代表大会常务委员会备案。乡级的人民代表大会代表的具体名额，由县级的人民代表大会常务委员会依照本法确定，报上一级人民代表大会常务委员会备案。

第十三条 地方各级人民代表大会的代表总名额经确定后，不再变动。如果由于行政区划变动或者由于重大工程建设等原因造成人口较大变动的，该级人民代表大会的代表总名额依照本法的规定重新确定。

第十四条 地方各级人民代表大会代表名额，由本级人民代表大会常务委员会或者本级选举委员会根据本行政区域所辖的下一级各行政区域或者各选区的人口数，按照每一代表所代表的城乡人口数相同的原则，以及保证各地区、各民族、各方面都有适当数量代表的要求进行分配。在县、自治县的人民代表大会中，人口特少的乡、民族乡、镇，至少应有代表一人。

地方各级人民代表大会代表名额的分配办法，由省、自治区、直辖市人民代表大会常务委员会参照全国人民代表大会代表名额分配的办法，结合本地区的具体情况规定。

第四章　全国人民代表大会代表名额

第十五条 全国人民代表大会的代表，由省、自治区、直辖市的人民代表大会和人民解放军选举产生。

全国人民代表大会代表的名额不超过三千人。

香港特别行政区、澳门特别行政区应选全国人民代表大会代表的名额和代表产生办法，由全国人民代表大会另行规定。

第十六条 全国人民代表大会代表名额，由全国人民代表大会常务委员会根据各省、自治区、直辖市的人口数，按照每一代表所代表的城乡人口数相同的原则，以及保证各地区、各民族、各方面都有适当数量代表的要求进行分配。

省、自治区、直辖市应选全国人民代表大会代表名额，由根据人口数计算确定的名额数、相同的地区基本名额数和其他应选名额数构成。

全国人民代表大会代表名额的具体分配，由全国人民代表大会常务委员会决定。

第十七条 全国少数民族应选全国人民代表大会代表，由全国人民代表大会常务委员会参照各少数民族的人口数和分布等情况，分配给各省、自治区、直辖市的人民代表大会选出。人口特少的民族，至少应有代表一人。

第五章 各少数民族的选举

第十八条 有少数民族聚居的地方，每一聚居的少数民族都应有代表参加当地的人民代表大会。

聚居境内同一少数民族的总人口数占境内总人口数百分之三十以上的，每一代表所代表的人口数应相当于当地人民代表大会每一代表所代表的人口数。

聚居境内同一少数民族的总人口数不足境内总人口数百分之十五的，每一代表所代表的人口数可以适当少于当地人民代表大会每一代表所代表的人口数，但不得少于二分之一；实行区域自治的民族人口特少的自治县，经省、自治区的人民代表大会常务委员会决定，可以少于二分之一。人口特少的其他聚居民族，至少应有代表一人。

聚居境内同一少数民族的总人口数占境内总人口数百分之十五以上、不足百分之三十的，每一代表所代表的人口数，可以适当少于当地人民代表大会每一代表所代表的人口数，但分配给该少数民族的应选代表名额不得超过代表总名额的百分之三十。

第十九条 自治区、自治州、自治县和有少数民族聚居的乡、民族乡、镇的人民代表大会，对于聚居在境内的其他少数民族和汉族代表的选举，适用本法第十八条的规定。

第二十条 散居的少数民族应选当地人民代表大会的代表，每一代表所代表的人口数可以少于当地人民代表大会每一代表所代表的人口数。

自治区、自治州、自治县和有少数民族聚居的乡、民族乡、镇的人民代表大会，对于散居的其他少数民族和汉族代表的选举，适用前款的规定。

第二十一条 有少数民族聚居的不设区的市、市辖区、县、乡、民族乡、镇的人民代表大会代表的产生，按照当地的民族关系和居住状况，各少数民族选民可以单独选举或者联合选举。

自治县和有少数民族聚居的乡、民族乡、镇的人民代表大会，对于居住在境内的其他少数民族和汉族代表的选举办法，适用前款的规定。

第二十二条 自治区、自治州、自治县制定或者公布的选举文件、选民名单、选民证、代表候选人名单、代表当选证书和选举委员会的印章等，都应当同时使用当地通用的民族文字。

第二十三条 少数民族选举的其他事项，参照本法有关各条的规定办理。

第六章 选区划分

第二十四条 不设区的市、市辖区、县、自治县、乡、民族乡、镇的人民代表大会的代表名额分配到选区，按选区进行选举。选区可以按居住状况划分，也可以按生产单位、事业单位、工作单位划分。

选区的大小，按照每一选区选一名至三名代表划分。

第二十五条　本行政区域内各选区每一代表所代表的人口数应当大体相等。

第七章　选民登记

第二十六条　选民登记按选区进行，经登记确认的选民资格长期有效。每次选举前对上次选民登记以后新满十八周岁的、被剥夺政治权利期满后恢复政治权利的选民，予以登记。对选民经登记后迁出原选区的，列入新迁入的选区的选民名单；对死亡的和依照法律被剥夺政治权利的人，从选民名单上除名。

精神病患者不能行使选举权利的，经选举委员会确认，不列入选民名单。

第二十七条　选民名单应在选举日的二十日以前公布，实行凭选民证参加投票选举的，并应当发给选民证。

第二十八条　对于公布的选民名单有不同意见的，可以在选民名单公布之日起五日内向选举委员会提出申诉。选举委员会对申诉意见，应在三日内作出处理决定。申诉人如果对处理决定不服，可以在选举日的五日以前向人民法院起诉，人民法院应在选举日以前作出判决。人民法院的判决为最后决定。

第八章　代表候选人的提出

第二十九条　全国和地方各级人民代表大会的代表候选人，按选区或者选举单位提名产生。

各政党、各人民团体，可以联合或者单独推荐代表候选人。选民或者代表，十人以上联名，也可以推荐代表候选人。推荐者应向选举委员会或者大会主席团介绍代表候选人的情况。接受推荐的代表候选人应当向选举委员会或者大会主席团如实提供个人身份、简历等基本情况。提供的基本情况不实的，选举委员会或者大会主席团应当向选民或者代表通报。

各政党、各人民团体联合或者单独推荐的代表候选人的人数，每一选民或者代表参加联名推荐的代表候选人的人数，均不得超过本选区或者选举单位应选代表的名额。

第三十条 全国和地方各级人民代表大会代表实行差额选举，代表候选人的人数应多于应选代表的名额。

由选民直接选举人民代表大会代表的，代表候选人的人数应多于应选代表名额三分之一至一倍；由县级以上的地方各级人民代表大会选举上一级人民代表大会代表的，代表候选人的人数应多于应选代表名额五分之一至二分之一。

第三十一条 由选民直接选举人民代表大会代表的，代表候选人由各选区选民和各政党、各人民团体提名推荐。选举委员会汇总后，将代表候选人名单及代表候选人的基本情况在选举日的十五日以前公布，并交各该选区的选民小组讨论、协商，确定正式代表候选人名单。如果所提代表候选人的人数超过本法第三十条规定的最高差额比例，由选举委员会交各该选区的选民小组讨论、协商，根据较多数选民的意见，确定正式代表候选人名单；对正式代表候选人不能形成较为一致意见的，进行预选，根据预选时得票多少的顺序，确定正式代表候选人名单。正式代表候选人名单及代表候选人的基本情况应当在选举日的七日以前公布。

县级以上的地方各级人民代表大会在选举上一级人民代表大会代表时，提名、酝酿代表候选人的时间不得少于两天。各该级人民代表大会主席团将依法提出的代表候选人名单及代表候选人的基本情况印发全体代表，由全体代表酝酿、讨论。如果所提代表候选人的人数符合本法第三十条规定的差额比例，直接进行投票选举。如果所提代表候选人的人数超过本法第三十条规定的最高差额比例，进行预选，根据预选时得票多少的顺序，按照本级人民代表大会的选举办法根据本法确定的具体差额比例，确定正式代表候选人名单，进行投票选举。

第三十二条　县级以上的地方各级人民代表大会在选举上一级人民代表大会代表时，代表候选人不限于各该级人民代表大会的代表。

第三十三条　选举委员会或者人民代表大会主席团应当向选民或者代表介绍代表候选人的情况。推荐代表候选人的政党、人民团体和选民、代表可以在选民小组或者代表小组会议上介绍所推荐的代表候选人的情况。选举委员会根据选民的要求，应当组织代表候选人与选民见面，由代表候选人介绍本人的情况，回答选民的问题。但是，在选举日必须停止代表候选人的介绍。

第三十四条　公民参加各级人民代表大会代表的选举，不得直接或者间接接受境外机构、组织、个人提供的与选举有关的任何形式的资助。

违反前款规定的，不列入代表候选人名单；已经列入代表候选人名单的，从名单中除名；已经当选的，其当选无效。

第九章　选举程序

第三十五条　全国人民代表大会和地方各级人民代表大会代表的选举，应当严格依照法定程序进行，并接受监督。任何组织或者个人都不得以任何方式干预选民或者代表自由行使选举权。

第三十六条　在选民直接选举人民代表大会代表时，选民根据选举委员会的规定，凭身份证或者选民证领取选票。

第三十七条　选举委员会应当根据各选区选民分布状况，按照方便选民投票的原则设立投票站，进行选举。选民居住比较集中的，可以召开选举大会，进行选举；因患有疾病等原因行动不便或者居住分散并且交通不便的选民，可以在流动票箱投票。

第三十八条 县级以上的地方各级人民代表大会在选举上一级人民代表大会代表时，由各该级人民代表大会主席团主持。

第三十九条 全国和地方各级人民代表大会代表的选举，一律采用无记名投票的方法。选举时应当设有秘密写票处。

选民如果是文盲或者因残疾不能写选票的，可以委托他信任的人代写。

第四十条 选举人对于代表候选人可以投赞成票，可以投反对票，可以另选其他任何选民，也可以弃权。

第四十一条 选民如果在选举期间外出，经选举委员会同意，可以书面委托其他选民代为投票。每一选民接受的委托不得超过三人，并应当按照委托人的意愿代为投票。

第四十二条 投票结束后，由选民或者代表推选的监票、计票人员和选举委员会或者人民代表大会主席团的人员将投票人数和票数加以核对，作出记录，并由监票人签字。

代表候选人的近亲属不得担任监票人、计票人。

第四十三条 每次选举所投的票数，多于投票人数的无效，等于或者少于投票人数的有效。

每一选票所选的人数，多于规定应选代表人数的作废，等于或者少于规定应选代表人数的有效。

第四十四条 在选民直接选举人民代表大会代表时，选区全体选民的过半数参加投票，选举有效。代表候选人获得参加投票的选民过半数的选票时，始得当选。

县级以上的地方各级人民代表大会在选举上一级人民代表大会代表时，代表候选人获得全体代表过半数的选票时，始得当选。

获得过半数选票的代表候选人的人数超过应选代表名额时，以得票多的当选。如遇票数相等不能确定当选人时，应当就票数相等的候选人再次投票，以得票多的当选。

获得过半数选票的当选代表的人数少于应选代表的名额时，不足的名额另行选举。另行选举时，根据在第一次投票时得票多少的顺序，按照本法第三十条规定的差额比例，确定候选人名单。如果只选一人，候选人应为二人。

依照前款规定另行选举县级和乡级的人民代表大会代表时，代表候选人以得票多的当选，但是得票数不得少于选票的三分之一；县级以上的地方各级人民代表大会在另行选举上一级人民代表大会代表时，代表候选人获得全体代表过半数的选票，始得当选。

第四十五条　选举结果由选举委员会或者人民代表大会主席团根据本法确定是否有效，并予以宣布。

当选代表名单由选举委员会或者人民代表大会主席团予以公布。

第四十六条　代表资格审查委员会依法对当选代表是否符合宪法、法律规定的代表的基本条件，选举是否符合法律规定的程序，以及是否存在破坏选举和其他当选无效的违法行为进行审查，提出代表当选是否有效的意见，向本级人民代表大会常务委员会或者乡、民族乡、镇的人民代表大会主席团报告。

县级以上的各级人民代表大会常务委员会或者乡、民族乡、镇的人民代表大会主席团根据代表资格审查委员会提出的报告，确认代表的资格或者确定代表的当选无效，在每届人民代表大会第一次会议前公布代表名单。

第四十七条　公民不得同时担任两个以上无隶属关系的行政区域的人民代表大会代表。

第十章　对代表的监督和罢免、辞职、补选

第四十八条　全国和地方各级人民代表大会的代表，受选民和

原选举单位的监督。选民或者选举单位都有权罢免自己选出的代表。

第四十九条 对于县级的人民代表大会代表，原选区选民五十人以上联名，对于乡级的人民代表大会代表，原选区选民三十人以上联名，可以向县级的人民代表大会常务委员会书面提出罢免要求。

罢免要求应当写明罢免理由。被提出罢免的代表有权在选民会议上提出申辩意见，也可以书面提出申辩意见。

县级的人民代表大会常务委员会应当将罢免要求和被提出罢免的代表的书面申辩意见印发原选区选民。

表决罢免要求，由县级的人民代表大会常务委员会派有关负责人员主持。

第五十条 县级以上的地方各级人民代表大会举行会议的时候，主席团或者十分之一以上代表联名，可以提出对由该级人民代表大会选出的上一级人民代表大会代表的罢免案。在人民代表大会闭会期间，县级以上的地方各级人民代表大会常务委员会主任会议或者常务委员会五分之一以上组成人员联名，可以向常务委员会提出对由该级人民代表大会选出的上一级人民代表大会代表的罢免案。罢免案应当写明罢免理由。

县级以上的地方各级人民代表大会举行会议的时候，被提出罢免的代表有权在主席团会议和大会全体会议上提出申辩意见，或者书面提出申辩意见，由主席团印发会议。罢免案经会议审议后，由主席团提请全体会议表决。

县级以上的地方各级人民代表大会常务委员会举行会议的时候，被提出罢免的代表有权在主任会议和常务委员会全体会议上提出申辩意见，或者书面提出申辩意见，由主任会议印发会议。罢免案经会议审议后，由主任会议提请全体会议表决。

第五十一条 罢免代表采用无记名的表决方式。

第五十二条 罢免县级和乡级的人民代表大会代表，须经原选区过半数的选民通过。

罢免由县级以上的地方各级人民代表大会选出的代表，须经各该级人民代表大会过半数的代表通过；在代表大会闭会期间，须经常务委员会组成人员的过半数通过。罢免的决议，须报送上一级人民代表大会常务委员会备案、公告。

第五十三条 县级以上的各级人民代表大会常务委员会组成人员，县级以上的各级人民代表大会专门委员会成员的代表职务被罢免的，其常务委员会组成人员或者专门委员会成员的职务相应撤销，由主席团或者常务委员会予以公告。

乡、民族乡、镇的人民代表大会主席、副主席的代表职务被罢免的，其主席、副主席的职务相应撤销，由主席团予以公告。

第五十四条 全国人民代表大会代表，省、自治区、直辖市、设区的市、自治州的人民代表大会代表，可以向选举他的人民代表大会的常务委员会书面提出辞职。常务委员会接受辞职，须经常务委员会组成人员的过半数通过。接受辞职的决议，须报送上一级人民代表大会常务委员会备案、公告。

县级的人民代表大会代表可以向本级人民代表大会常务委员会书面提出辞职，乡级的人民代表大会代表可以向本级人民代表大会书面提出辞职。县级的人民代表大会常务委员会接受辞职，须经常务委员会组成人员的过半数通过。乡级的人民代表大会接受辞职，须经人民代表大会过半数的代表通过。接受辞职的，应当予以公告。

第五十五条 县级以上的各级人民代表大会常务委员会组成人员，县级以上的各级人民代表大会的专门委员会成员，辞去代表职务的请求被接受的，其常务委员会组成人员、专门委员会成员的职务相应终止，由常务委员会予以公告。

乡、民族乡、镇的人民代表大会主席、副主席，辞去代表职务的请求被接受的，其主席、副主席的职务相应终止，由主席团予以公告。

第五十六条 代表在任期内，因故出缺，由原选区或者原选举单位补选。

地方各级人民代表大会代表在任期内调离或者迁出本行政区域的，其代表资格自行终止，缺额另行补选。

县级以上的地方各级人民代表大会闭会期间，可以由本级人民代表大会常务委员会补选上一级人民代表大会代表。

补选出缺的代表时，代表候选人的名额可以多于应选代表的名额，也可以同应选代表的名额相等。补选的具体办法，由省、自治区、直辖市的人民代表大会常务委员会规定。

对补选产生的代表，依照本法第四十六条的规定进行代表资格审查。

第十一章 对破坏选举的制裁

第五十七条 为保障选民和代表自由行使选举权和被选举权，对有下列行为之一，破坏选举，违反治安管理规定的，依法给予治安管理处罚；构成犯罪的，依法追究刑事责任：

（一）以金钱或者其他财物贿赂选民或者代表，妨害选民和代表自由行使选举权和被选举权的；

（二）以暴力、威胁、欺骗或者其他非法手段妨害选民和代表自由行使选举权和被选举权的；

（三）伪造选举文件、虚报选举票数或者有其他违法行为的；

（四）对于控告、检举选举中违法行为的人，或者对于提出要求罢免代表的人进行压制、报复的。

国家工作人员有前款所列行为的，还应当依法给予行政处分。

以本条第一款所列违法行为当选的，其当选无效。

第五十八条 主持选举的机构发现有破坏选举的行为或者收到对破坏选举行为的举报，应当及时依法调查处理；需要追究法律责任的，及时移送有关机关予以处理。

第十二章 附 则

第五十九条 省、自治区、直辖市的人民代表大会及其常务委员会根据本法可以制定选举实施细则，报全国人民代表大会常务委员会备案。

附　录

乡镇人大代表选举办法

（本文为参考资料）

乡（镇）第________届人民代表大会代表选举办法

一、根据《中华人民共和国全国人民代表大会和地方各级人民代表大会选举法》和有关规定，结合本选区实际情况，制定本办法。

二、选举工作由________乡（镇）选举委员会负责主持实施。

三、按照________乡（镇）选举委员会的安排，本选区应选人大代表________名，代表候选人名额应多于应选代表名额一名，实行差额选举。

四、________乡（镇）人民代表大会代表必须是________乡（镇）行政区内，年满18周岁，享有政治权利的中华人民共和国的公民。

五、选民凭身份证领取选票。

六、各选区应按照方便选民投票的原则设立投票站、流动票箱或召开选举大会进行投票选举。流动票箱的设置，限于因患有疾病等原因行动不便或居住分散并交通不便的选民。选举大会现场和各投票站应设置秘密写票处。投票选举由选举委员会或委派专人主持。设投票站的要确定一个为中心投票站，采取选举大会的形式进行投票。分设的各个投票站由选区投票选举主持人指派一名负责人，并予以公布。

七、选举采取无记名投票的方式。选民对于选票上的代表候选人可以投赞成票，可以投反对票，可以另选其他任何选民，也可以弃权。对代表候选人投赞成票的，在其姓名右边的符号栏内划“○”；投反对票的，在其姓名右边的符号栏内划“×”；弃权的不划任何符号；如另选其他选民，就在另选他人栏内的空格中写上被选人的姓名，在符号栏内划“○”，并对原候选人划“×”，表示反对。另选一人，必须反对一人。表示弃权的不能另选其他选民。

填写选票要用蓝黑色水笔或签字笔，字迹要清楚，符号要准确，不能涂改。填写选票不符合以上规定，或者符号书写不清，无法辨认的按弃权处理。

八、选区全体选民过半数参加投票，选区收回的选票数等于或少于发出的选票数，选举有效；参选选民未过半数，或收回的选票多于发出的选票，选举无效，应从新进行选举。每张选票上所选的人数，等于或少于应选人数的为有效票，多于应选人数的为无效票。

九、获得参加投票选民过半数选票的代表候选人数超过应选代表名额时，以得票多的当选。如遇票数相等不能确定当选人时，应当就票数相等的候选人再次投票，以得票多的当选。另行选举时，根据第一次投票时得票多少的顺序，依照法定差额比例确定正式代表候选人名单。如果只选一人，候选人为二人。代表候选人以得票多的当选。但得票数不得少于选票的三分之一。经过两次选举仍未能选足应选名额时，可以不再进行选举，保留缺额。

十、选举设监票人两名，其中总监票人一名。监票人由选民推荐的人担任，总监票人由选区工作组在监票人中指定。总监票人和监票人在选举委员会领导下对发票、投票、计票工作进行监督。

选举采用人工计票，选区设计票人____名，其中总计票____

名，计票人由选民推荐的人担任，总计票人由选区工作组在计票人中指定，在监票人监督下进行工作，正式代表候选人及其直系亲属不得设为监、计票人。

十一、委托投票的，须凭委托投票认可证，每一选民接受的委托不得超过三人。

十二、投票结束后，选举大会的票箱当场开箱计票；投票站的票箱和流动票箱，应集中到选区工作组，在监票人的监督下统一开箱计票。计票结果于当日张榜公布。

________乡（镇）选举委员会

________年____月____日

全国人民代表大会常务委员会关于县级以下人民代表大会代表直接选举的若干规定

（1983 年 3 月 5 日第五届全国人民代表大会常务委员会第二十六次会议通过）

为了便于实施《中华人民共和国全国人民代表大会和地方各级人民代表大会选举法》，对县级以下人民代表大会代表直接选举中的若干问题作如下规定：

一、县、自治县、不设区的市、市辖区、乡、民族乡、镇设立选举委员会。县、自治县、不设区的市、市辖区的选举委员会的组成人员由本级人民代表大会常务委员会任命。乡、民族乡、镇的选举委员会的组成人员由县、自治县、不设区的市、市辖区的人民代表大会常务委员会任命。

选举委员会设立办事机构，办理选举的具体事务。

二、选举委员会的职权是：

（一）主持本级人民代表大会代表的选举；

（二）进行选民登记，审查选民资格，公布选民名单；受理对于选民名单不同意见的申诉，并做出决定；

（三）划分选举本级人民代表大会代表的选区，分配各选区应选代表的名额；

（四）根据较多数选民的意见，确定和公布正式代表候选人的名单；

（五）规定选举日期；

（六）确定选举结果是否有效，公布当选代表名单。

县、自治县、不设区的市、市辖区的选举委员会指导乡、民族乡、镇的选举委员会的工作。

三、精神病患者不能行使选举权利的，经选举委员会确认，不行使选举权利。

四、因反革命案或者其他严重刑事犯罪案被羁押，正在受侦查、起诉、审判的人，经人民检察院或者人民法院决定，在被羁押期间停止行使选举权利。

五、下列人员准予行使选举权利：

（一）被判处有期徒刑、拘役、管制而没有附加剥夺政治权利的；

（二）被羁押，正在受侦查、起诉、审判，人民检察院或者人民法院没有决定停止行使选举权利的；

（三）正在取保候审或者被监视居住的；

（四）正在被劳动教养的；

（五）正在受拘留处罚的。

以上所列人员参加选举，由选举委员会和执行监禁、羁押、拘留或者劳动教养的机关共同决定，可以在流动票箱投票，或者委托有选举权的亲属或者其他选民代为投票。被判处拘役、受拘留处罚或者被劳动教养的人也可以在选举日回原选区参加选举。

六、县、自治县的人民政府驻地在市区内的，其所属机关、团体和企业事业组织的职工，参加县、自治县的人民代表大会代表的选举，不参加市、市辖区的人民代表大会代表的选举。

七、驻在乡、民族乡、镇的不属于县级以下人民政府领导的企业事业组织的职工，可以只参加县级人民代表大会代表的选举，不参加乡、民族乡、镇的人民代表大会代表的选举。

八、选区的大小，按照每一选区选一至三名代表划分。

九、选民在选举期间临时在外地劳动、工作或者居住，不能回原选区参加选举的，经原居住地的选举委员会认可，可以书面委托有选举权的亲属或者其他选民在原选区代为投票。

选民实际上已经迁居外地但是没有转出户口的，在取得原选区选民资格的证明后，可以在现居住地的选区参加选举。

十、每一选民（三人以上附议）推荐的代表候选人的名额，不得超过本选区应选代表的名额。

选民和各政党、各人民团体推荐的代表候选人都应当列入代表候选人名单，选举委员会不得调换或者增减。

正式代表候选人名单，经过预选确定的，按得票多少的顺序排列。

天津市区、县级以下人民代表大会代表选举实施细则

（1983年10月29日天津市第十届人民代表大会常务委员会第六次会议通过；根据1986年8月27日天津市第十届人民代表大会常务委员会第二十九次会议《关于修改〈天津市区、县级以下人民代表大会选举实施细则〉的决定》第一次修正；根据1989年8月16日天津市第十一届人民代表大会常务委员会第十次会议《关于修改〈天津市区、县级以下人民代表大会选举实施细则〉的决定》第二次修正；根据1992年6月8日天津市第十一届人民代表大会常务委员会第三十五次会议《关于修改〈天津市区、县级以下人民代表大会选举实施细则〉的决定》第三次修正；根据1995年7月10日天津市第十二届人民代表大会常务委员会第十七次会议《关于修改〈天津市区、县级以下人民代表大会选举实施细则〉的决定》第四次修正；根据2000年11月8日天津市第十三届人民代表大会常务委员会第二十次会议《关于修改〈天津市区、县级以下人民代表大会选举实施细则〉的决定》第五次修正；根据2006年7月13日天津市第十四届人民代表大会常务委员会第二十九次会议《关于修改〈天津市区、县级以下人民代表大会代表选举实施细则〉的决定》第六次修正；根据2010年9月25日天津市第十五届人民代表大会常务委员会第十九次会议《关于修改部分地方性法规的决定》第七次修正；根据2016年5月27日天津市第十六届人民代表大会常务委员会第二十六次会议《关于修改部分地方性法规的决定》第八次修正）

第一章 总 则

第一条 根据《中华人民共和国全国人民代表大会和地方各级人民代表大会选举法》(以下简称选举法)和《全国人民代表大会常务委员会关于县级以下人民代表大会代表直接选举的若干规定》(以下简称直接选举的若干规定),结合本市具体情况,制定本实施细则。

第二条 区、县人民代表大会代表和乡、民族乡、镇人民代表大会代表,由选民直接选举。

第三条 中国人民解放军驻津部队依照《中国人民解放军选举全国人民代表大会和县级以上地方各级人民代表大会代表的办法》,选举区、县人民代表大会代表。

第四条 选举必须充分发扬社会主义民主,严格依法办事,保障选民自由行使选举权和被选举权。

第五条 选举经费由本级财政开支,列入财政预算,专款专用。

第二章 选举机构

第六条 市人民代表大会常务委员会指导区、县级以下人民代表大会代表的选举工作,设立市直接选举工作办公室,承办有关选举事宜。

区、县和乡、民族乡、镇设立选举委员会,主持本级人民代表大会代表的选举,并受区、县人民代表大会常务委员会的领导。

第七条 选举委员会由辖区内政党、人民团体和其他方面的人员组成。选举委员会设主任一人,副主任一至三人,委员六至十五人,由区、县人民代表大会常务委员会决定并任命。

第八条 选举委员会的职权是:

（一）宣传和贯彻执行选举法、直接选举的若干规定以及其他有关选举的法律、法规；

（二）制定本级人民代表大会代表的选举计划；

（三）培训选举工作人员；

（四）划分选区，分配各选区应选代表的名额；

（五）组织选民登记，审查、确定选民资格，公布选民名单；

（六）组织推荐代表候选人，公布代表候选人名单，根据较多数选民的意见或者预选结果确定并公布正式代表候选人名单；

（七）按照规定的选举日期主持选举；

（八）确定选举结果是否有效，公布当选代表名单；

（九）受理对于选民名单不同意见的申诉并作出决定，接受对选举中违法行为的检举和控告并依法作出处理。

第九条 选举委员会设立办公室，负责宣传、组织、选举事务、选民资格审查等具体工作。

第十条 选举区、县人民代表大会代表，乡、民族乡、镇和市区的街以及选民较多划分为两个以上选区的单位设立选举工作组，负责组织、安排各选区的选举工作，其职责由区、县选举委员会确定。乡、民族乡、镇的选举工作组可以由乡、民族乡、镇的选举委员会兼任。

第十一条 选区设立选举领导小组，负责本选区的选举工作，其主要职责是：

（一）划分选民小组，组织选民学习选举法和有关选举的文件；

（二）办理选民登记，分发选民证；

（三）组织选民提名、酝酿、协商代表候选人；

（四）安排正式代表候选人与选民见面；

（五）设置投票站，监制票箱，培训监票员、计票员和选举工作人员；

（六）组织选民投票，报告选举结果。

第十二条 选区可以按生产单位、工作单位和居住状况划分若干选民小组。选民小组长由本组选民推选，负责组织本选民小组的选举活动。

第十三条 机关、人民团体、企业事业单位、居民组织或者村民组织应当主动与有关选举机构联系有关选举事宜，设专人配合选举机构做好有关工作。

第三章 代表名额

第十四条 区、县和乡、民族乡、镇人民代表大会代表名额，按照下列规定确定：

（一）区、县的代表名额基数为一百二十名，每五千人可以增加一名代表；人口超过一百六十五万的，代表总名额不得超过四百五十名；

（二）乡、民族乡、镇的代表名额基数为四十名，每一千五百人可以增加一名代表；但是，代表总名额不得超过一百六十名。

聚居的少数民族多的民族乡，经市人民代表大会常务委员会决定，代表名额可以另加百分之五。

第十五条 区、县的人民代表大会代表的具体名额，由市人民代表大会常务委员会依照选举法的规定确定，报全国人民代表大会常务委员会备案。乡、民族乡、镇的人民代表大会代表的具体名额，由区、县人民代表大会常务委员会依照选举法的规定确定，报市人民代表大会常务委员会备案。

第十六条 区、县和乡、民族乡、镇的人民代表大会的代表总名额经确定后，不再变动。如果由于行政区划变动或者由于重大工程建设等原因造成人口较大变动的，该级人民代表大会的代表总名额依照选举法的规定重新确定。

第十七条 选举区、县人民代表大会代表，中央和市属单位每一代表所代表的人口数，应多于区、县属单位每一代表所代表的人口数；选举乡、民族乡、镇人民代表大会代表，区、县属单位每一代表所代表的人口数，应多于乡、民族乡、镇属单位每一代表所代表的人口数。

区、县和乡、民族乡、镇的人民代表大会的代表名额，分别由区、县人民代表大会常务委员会或者乡、民族乡、镇选举委员会根据各选区的人口数，按照每一代表所代表的城乡人口数相同的原则，以及保证各地区、各方面都有适当数量代表的要求进行分配。具体分配办法由市人民代表大会常务委员会规定。

第十八条 中国人民解放军驻津部队应选区、县人民代表大会代表的名额，由驻地区、县人民代表大会常务委员会决定。

第四章 选区划分

第十九条 选举区、县和乡、民族乡、镇人民代表大会代表，区、县和乡、民族乡、镇划分为若干选区。

选区的划分，要便于选民参加选举活动和选举组织工作，便于代表联系选民，便于选民监督代表。

选区的小大，按照每一选区选举一名至三名代表划分。

本行政区域内各选区每一代表分别所代表的人口数应当大体相等。

第二十条 选区可以按居住状况划分，也可以按生产单位、事业单位、工作单位划分。生产单位、事业单位、工作单位、居民组织或者村民组织的选民人数能够划为一个选区的，划为单一选区；不够划为一个选区的，可以由单位与邻近的单位、居民组织与邻近的居民组织、村民组织与邻近的村民组织划为联合选区，也可以由单位与邻近的居民组织或者村民组织划为混合选区。

第二十一条 驻在乡、民族乡、镇行政区域内的中央和市属单位的选民，可以只参加区、县人民代表大会代表的选举，不参加乡、民族乡、镇人民代表大会代表的选举。

驻在乡、民族乡、镇行政区域内的区、县属机关、人民团体、企业事业单位的选民，参加区、县和乡、民族乡、镇人民代表大会代表的选举。

第五章　选民登记

第二十二条　选民登记按选区进行。应在本市参加选举的年满十八周岁的中华人民共和国公民，在上次选举中已经登记的，可以直接列入选民名单。上次选民登记后迁出本选区或者死亡以及依照法律被剥夺政治权利和停止行使选举权利的，应当从选民名单上除名；新满十八周岁的，迁入本选区有选举权利的以及本次选举前恢复政治权利的，予以登记，列入选民名单。

选民年满十八周岁的计算时间，以选举日为准。

第二十三条　每一选民只能在一个选区登记。选民登记依照下列规定：

（一）机关、人民团体、企业事业单位、中央和其他省、自治区、直辖市驻津机构的人员和在校学生，在所在单位和所在学校登记。

（二）离休人员在原单位或者接受管理单位登记，退休人员在户口所在地登记。离休、退休人员可以凭选民资格证明列入现居住地选民名单，参加选举。

（三）无工作单位的城镇居民和农村村民在户口所在地登记，可以凭选民资格证明列入现居住地选民名单，参加选举。

（四）在本市无户口但实际上已在本市工作、学习、居住人员，在取得原选区选民资格证明后，可以在现工作、学习单位或者现居住地登记，参加选举。

驻津中国人民武装警察部队参加所在区、县人民代表大会代表的选举，人员在本部队登记。

市直接选举工作办公室依据第一款规定，可以结合全市选民登记的实际情况提出具体实施意见。区、县人民代表大会常务委员会根据选举法、本实施细则和其他有关规定，可以对本行政区域内选民登记的特有情况作出规定。

第二十四条 依照法律被剥夺政治权利的人，没有选举权和被选举权。

第二十五条 因危害国家安全或者其他严重刑事犯罪案被羁押，正在受侦查、起诉、审判的人，经人民检察院或者人民法院决定，在被羁押期间停止行使选举权利。

经决定停止行使选举权利的人员名单，由作出决定的机关送区、县或者乡、民族乡、镇选举委员会备案。

第二十六条 下列人员准予行使选举权利：

（一）被判处有期徒刑、拘役、管制而没有附加剥夺政治权利的；

（二）被羁押，正在受侦查、起诉、审判，人民检察院或者人民法院没有决定停止行使选举权利的；

（三）正在取保候审或者被监视居住的；

（四）正在受拘留处罚的。

前款所列人员参加选举，由主管部门将名单送区、县或者乡、民族乡、镇选举委员会分转有关选区登记，并可以书面委托有选举权的亲属或者其原工作单位和户口所在地的选民代为投票。

第二十七条 不能行使选举权利的精神病患者和其他无行为能力的人员，在征得其监护人同意或者取得医院证明后，经选举委员会确认，不列入选民名单。

第二十八条 选区设立登记站，接受选民登记，也可以由工作人员到选民中进行登记。登记时，要分别与单位职工编制名册或者户口登记簿核对，做到准确无误。

第二十九条 选民登记结束后，选举委员会在选举日的二十日以前张榜公布选民名单，发选民证，公布选举日期和地点。

第三十条 对于公布的选民名单有不同意见的，可以在选民名单公布之日起五日内向选举委员会提出申诉，选举委员会应当在三日内作出处理决定。申诉人对处理决定不服的，可以在选举日的五日以前向选举委员会所在地的区、县人民法院起诉，人民法院应当在选举日以前作出判决。人民法院的判决为最后决定。

第三十一条 选民登记后，在本市范围内迁出的，在选民证后面注明，加盖选举委员会或者选举工作组公章，选举日的前五日为截止日期；迁往外地的，收回选民证，从选民名单上除名；在选举日的五日前由外地迁入的，予以补登，发给选民证。

第三十二条 选民登记表和选民证，由区、县人民代表大会常务委员会按照统一格式印制。

第六章　代表候选人的提出

第三十三条 区、县和乡、民族乡、镇人民代表大会代表候选人按选区提名产生。

推荐代表候选人，要照顾到妇女、青年、少数民族、归侨、宗教界和其他爱国人士等方面。

第三十四条 政党、人民团体可以联合或者单独推荐代表候选人，但推荐的代表候选人数一般不超过应选代表总数的百分之十五。

选民十人以上联名，可以推荐代表候选人，但每一选民与其他选民联合提名的候选人数，不得超过本选区的应选代表名额。

政党、人民团体和选民推荐代表候选人时，应当向选举委员会介绍候选人的情况。

第三十五条 推荐到其他选区的区、县机关干部代表候选人，应当征得所在机关多数选民的同意。

第三十六条 选区选举领导小组应当将政党、人民团体和选民推荐的代表候选人如实上报选举委员会，任何组织和个人不得调换或者增减。

第三十七条 选举委员会在选举日的十五日以前，将各方面推荐的代表候选人名单和代表候选人的基本情况，按选区张榜公布，并组织选民讨论。

公布代表候选人名单按姓名笔划排列。

第三十八条 正式代表候选人名额应当比应选代表名额多三分之一至一倍。

第三十九条 选举委员会将代表候选人名单交各该选区的选民小组讨论、协商，确定正式代表候选人名单。如果所提候选人的人数超过本实施细则规定的最高差额比例，由选举委员会交各该选区的选民小组讨论、协商，根据较多数选民的意见，确定正式代表候选人名单；对正式代表候选人不能形成较为一致意见的，进行预选，根据预选时得票多少的顺序，确定正式代表候选人名单。

第四十条 选举委员会在选举日的七日以前，将正式代表候选人名单和情况，按选区张榜公布，并再次公布选举日期和地点。

公布正式代表候选人名单按姓名笔划排列。

第四十一条 推荐代表候选人的政党、人民团体和选民，可以在选民小组会议上介绍所推荐的代表候选人的情况，但是在选举日必须停止对代表候选人的介绍。

第四十二条 各选区应当组织正式代表候选人与选民见面，回答选民的问题。

第四十三条 公民参加选举，不得直接或者间接接受境外机构、组织、个人提供的与选举有关的任何形式的资助。

违反前款规定的，不列入代表候选人名单；已经列入代表候选人名单的，从名单中除名；已经当选的，其当选无效。

第七章　投票选举

第四十四条 选区应当设立投票站或者召开选举大会进行选

举。投票选举由选举委员会委派的人员主持。

正式代表候选人及其近亲属不得担任本选区投票选举的主持人、监票员、计票员和工作人员。

选区可以设立流动票箱。每个投票站、流动票箱除监票员外，其工作人员不得少于二人。

第四十五条　选举投票的时间为一至五日。

第四十六条　投票选举前应当做好下列工作：

（一）制作票箱，按照统一格式印制选票；

（二）布置投票站或者选举大会会场；

（三）召开选民小组会，宣布有关投票的注意事项；

（四）推选监票员、计票员；

（五）在投票场所设立发票处、询问处、写票处和秘密写票处。

第四十七条　投票前凭选民证发给选票，投票后在选民证和选民登记表上分别加盖选讫印记。

第四十八条　严格实行秘密的无记名投票。选民可以在秘密写票处填写选票。选民写选票时他人不得围观。不能写选票的选民，可以委托其信任的人代写。

第四十九条　选民应当到投票场所投票。老弱病残不便到场投票的，可以在流动票箱投票。

选民在选举期间外出的，经选举委员会或者选举工作组认可，可以书面委托其他选民代为投票。每一选民接受的委托不得超过三人，并应当按照委托人的意愿代为投票。

第五十条　选民对于代表候选人可以投赞成票，可以投反对票，可以另选其他选民，也可以弃权，任何组织和个人不得干涉。

选举工作人员对投票的选民不得做任何诱导和暗示。

第五十一条　票箱由主持选举和监票、计票的人员妥为保管。本选区投票结束后，由监票、计票人员和选举委员会委派的人员核对投票人数和票数，作出记录，并由监票人签字。

第五十二条 每次选举所投的票数，多于投票人数的无效，等于或者少于投票人数的有效。每一选票所选的人数，多于本选区应选代表人数的作废，等于或者少于本选区应选代表人数的有效。

第五十三条 在选民选举人民代表大会代表时，选区全体选民的过半数参加投票，选举有效。代表候选人获得参加投票的选民过半数的选票时，始得当选。

获得过半数选票的代表候选人的人数超过应选代表名额时，以得票多的当选。如遇票数相等不能确定当选人时，应当就票数相等的候选人再次投票，以得票多的当选。

获得过半数选票的当选代表的人数少于应选代表的名额时，不足的名额另行选举。另行选举时，根据在第一次投票时得票多少的顺序，按照规定的差额比例，确定候选人名单。如果只选一人，候选人应为二人。另行选举时，代表候选人以得票多的当选，但是得票数不得少于选票的三分之一。

第五十四条 主持选举的人员将选举结果连同选票报送选举委员会，由选举委员会根据选举法和本实施细则确定是否有效，并在本选区张榜公布选举结果。

第五十五条 代表资格审查委员会依法对当选代表是否符合宪法、法律规定的代表的基本条件，选举是否符合法律规定的程序，以及是否存在破坏选举和其他当选无效的违法行为进行审查，提出代表当选是否有效的意见，向区、县人民代表大会常务委员会或者乡、民族乡、镇的人民代表大会主席团报告。

第五十六条 区、县人民代表大会常务委员会或者乡、民族乡、镇的人民代表大会主席团根据代表资格审查委员会提出的报告，确认代表的资格或者确定代表的当选无效，在每届人民代表大会第一次会议前公布代表名单。

对当选代表的代表资格经依法确认后，由区、县人民代表大会常务委员会或者乡、民族乡、镇人民代表大会主席团颁发代表证。

第八章　代表的补选

第五十七条　区、县和乡、民族乡、镇的人民代表大会代表在任期内因故出缺的，由原选区补选。

第五十八条　补选区、县人民代表大会代表，区、县设立补选领导小组，主持补选工作，受区、县人民代表大会常务委员会领导；有关的街和乡、民族乡、镇设立补选工作组，负责组织安排补选工作；选区设立补选小组，承办补选有关事宜。

补选乡、民族乡、镇人民代表大会代表，乡、民族乡、镇设立补选领导小组，主持补选工作，受区、县人民代表大会常务委员会领导；选区设立补选小组，承办补选有关事宜。

第五十九条　补选代表，须重新核实选区现有选民名单。在选举日的七日以前由补选领导小组公布选民名单和代表候选人名单。

第六十条　出缺代表原由政党、人民团体推荐为代表候选人的，补选时仍由政党、人民团体推荐；出缺代表原由选民联名推荐为代表候选人的，补选时仍由选民联名推荐。

补选代表，代表候选人的名额可以多于应选代表的名额，也可以同应选代表的名额相等。

补选的代表候选人名单经选民酝酿协商后，由补选领导小组根据较多数选民的意见确定正式代表候选人名单，并在选举日的三日以前公布。

第六十一条　补选代表，采用无记名投票方式。

第六十二条　补选的代表的任期到本届人民代表大会任期届满时止。

第六十三条　对补选产生的代表，依照本实施细则第五十五条的规定进行代表资格审查。

第六十四条　补选代表适用本章规定，本章没有规定的，适用本实施细则其他有关规定。

第九章　对破坏选举的制裁

第六十五条　为保障选民自由行使选举权和被选举权，对有下列行为之一，破坏选举，违反治安管理规定的，依法给予治安管理处罚，构成犯罪的，依法追究刑事责任：

（一）以金钱或者其他财物贿赂选民，妨害选民自由行使选举权和被选举权的；

（二）以暴力、威胁、欺骗或者其他非法手段妨害选民自由行使选举权和被选举权的；

（三）伪造选举文件、虚报选举票数或者有其他违法行为的；

（四）对于控告、检举选举中违法行为的人进行压制、报复的。

国家工作人员有前款所列行为的，还应当依法给予行政处分。

以本条第一款所列违法行为当选的，其当选无效。

第十章　附　则

第六十六条　本实施细则自公布之日起施行。

吉林省县乡两级人民代表大会选举实施细则

(1989 年 5 月 20 日吉林省第七届人民代表大会常务委员会第九次会议通过；根据 1995 年 6 月 16 日吉林省第八届人民代表大会常务委员会第十七次会议修订；根据 2011 年 5 月 27 日吉林省第十一届人民代表大会常务委员会第二十六次会议修订；根据 2016 年 5 月 27 日吉林省第十二届人民代表大会常务委员会第二十七次会议《关于修改〈吉林省县乡两级人民代表大会选举实施细则〉的决定》修正)

第一章　总　则

第一条　根据《中华人民共和国全国人民代表大会和地方各级人民代表大会选举法》，结合本省实际，制定本实施细则。

第二条　中华人民共和国年满十八周岁的公民，不分民族、种族、性别、职业、家庭出身、宗教信仰、教育程度、财产状况和居住期限，都有选举权和被选举权。

依照法律被剥夺政治权利的人没有选举权和被选举权。

第三条　每一选民在一次选举中只有一个投票权。

第四条　充分发扬社会主义民主，实行差额选举，严格依法办事，切实保障人民民主权利。

第五条　省、设区的市、自治州人大常委会指导本行政区域内不设区的市、市辖区、县、自治县、乡、民族乡、镇人民代表大会代表的选举工作。

第六条　驻本省的中国人民解放军依照《中国人民解放军选举

全国人民代表大会和县级以上地方各级人民代表大会代表的办法》，选举产生县级人民代表大会代表。

驻本省的中国人民武装警察部队依照《中华人民共和国全国人民代表大会和地方各级人民代表大会选举法》和本实施细则的规定，参加县级人民代表大会代表的选举。

第七条　县乡两级人民代表大会代表应当具有广泛的代表性，应当保证有适当比例的基层代表，特别是工人、农民和知识分子代表；应当依法保障妇女代表比例，并逐步提高。

第八条　县乡两级人民代表大会换届选举的经费，由本级财政开支。

第二章　选举工作机构

第九条　不设区的市、市辖区、县、自治县设立选举委员会，在本级人民代表大会常务委员会领导下主持本级人民代表大会代表的选举。

乡、民族乡、镇设立选举委员会，在县级人民代表大会常务委员会领导下主持本级人民代表大会代表的选举。

第十条　选举委员会设主任一人，副主任二至四人，委员九至十九人。县级选举委员会主任、副主任、委员，由本级人民代表大会常务委员会决定；乡级选举委员会主任、副主任、委员，由县级人民代表大会常务委员会任命。县乡两级选举委员会下设办公室，负责选举方面的日常工作。

选举委员会的组成人员为代表候选人的，应当辞去选举委员会的职务。

县级的人民代表大会换届选举期间，街道设立选举工作领导小组，作为县级选举委员会的派出机构。选举工作领导小组设组长一人，副组长一至二人，成员若干人，由不设区的市、市辖区、县、自治县选举委员会提名，同级人民代表大会常务委员会任命。

选区设立选举办事组，在选举工作领导小组的指导或者乡镇选举委员会的领导下，办理本选区的选举事项。选举办事组设组长一人，副组长一至二人，成员若干人，由选举工作领导小组或者乡镇选举委员会决定。

选区可以划分若干选民小组，组织选民参加选举活动。选民小组设组长一人，副组长一至二人，由选民推选或者由选举办事组指定。

第十一条 选举委员会的职权：

（一）制定本级人民代表大会代表选举的工作计划；

（二）宣传、实施《中华人民共和国全国人民代表大会和地方各级人民代表大会选举法》、《中华人民共和国地方各级人民代表大会和地方各级人民政府组织法》和其他有关法律规定；

（三）培训选举工作人员；

（四）进行选民登记和选民资格审查；

（五）划分选区，分配各选区的应选代表名额，组织选民推荐并讨论、协商代表候选人，了解核实并组织介绍代表候选人的情况；汇总、公布代表候选人名单；

（六）确定选举日期，主持投票选举，确认选举是否有效；公布当选代表名单，颁发代表证件；

（七）受理选举中对公布的选民名单有不同意见的申诉并作出处理决定；

（八）协助有关部门检查处理对选举违法行为的检举控告；

（九）依法解答有关选举工作的问题；

（十）及时公布选举信息；

（十一）做好统计报表和文书资料的整理归档工作，并作出选举工作的总结报告。

选举工作结束后，选举工作机构即行撤销。

第三章　代表名额

第十二条　不设区的市、市辖区、县、自治县、乡、民族乡、镇人民代表大会代表的名额，按照各级行政区域的不同代表名额基数和按照人口数增加的代表数相加的方法确定。

第十三条　不设区的市、市辖区、县、自治县人民代表大会代表名额以一百二十名为基数，每五千人可以增加一名代表名额；人口超过一百六十五万的，代表总名额不得超过四百五十名；人口不足五万的，代表总名额可以少于一百二十名。

乡、民族乡、镇人民代表大会代表名额以四十名为基数，每一千五百人可以增加一名代表名额；但是，代表总名额不得超过一百六十名；人口不足二千的乡、民族乡、镇的代表总名额可以少于四十名。

第十四条　县级的人民代表大会代表的具体名额，由省人民代表大会常务委员会依法确定，报全国人民代表大会常务委员会备案。乡级的人民代表大会代表的具体名额，由县级的人民代表大会常务委员会依法确定，报上一级人民代表大会常务委员会备案。

县乡两级人民代表大会代表名额，由本级选举委员会根据本行政区域各选区的人口数，按照每一代表所代表的城乡人口数相同的原则，以及保证各地区、各民族、各方面都有适当数量代表的要求进行分配。

第十五条　不设区的市、市辖区、县、自治县和乡、民族乡、镇的人民代表大会代表名额分配到选区。各选区每一代表所代表的人口数应当大体相等。

第十六条　不设区的市、市辖区、县、自治县行政区域内的中央、省、设区的市、自治州所属的机关、事业单位、解放军、武装警察部队以及大型企业的代表名额，由各该级选举委员会与上述单位协商分配。

驻在乡、民族乡、镇的不属于县级以下人民政府领导的企业事业组织的职工可以只参加县级人民代表大会代表的选举，不参加乡、民族乡、镇的人民代表大会代表的选举。

第十七条 聚居的少数民族多或者人口居住分散的县、自治县、乡、民族乡，经省人民代表大会常务委员会决定，代表名额可以另加百分之五。

第四章 选区划分

第十八条 选区的划分，应当便于选民参加选举活动和选举的组织工作；便于选民了解代表；便于代表联系选民，接受选民监督。

第十九条 选区的大小，按照每一选区选一至三名代表划分。

第二十条 选举不设区的市、市辖区、县、自治县人民代表大会代表，农村可以将临近的几个村划分为一个选区；人口特别多或者比较分散、偏僻的村和人口特别少的乡、民族乡、镇可以单独划分为一个选区；街道居民一般按照居住状况单独划分选区，也可以将一个社区或者几个社区单独或者联合划分选区。驻在县（市、市辖区）城的较大企事业单位，在同一行政区域内的也可以分级归口按系统、按行业单独划分选区或者联合划分选区。人数过少、按照系统或者行业联合划分选区有困难的企事业单位，也可以与所在地的街道居民联合划分选区。领导机关和下属企事业单位分驻数地的，应分别参加所在地的选举；解放军、武装警察部队单独划分选区。

第二十一条 选举乡、民族乡、镇人民代表大会代表，农村可以按照村划分选区，也可以几个村民小组联合划分选区；城镇按照居民委员会、机关、企事业单位单独或者联合划分选区。

第五章 选民登记

第二十二条 凡年满十八周岁的具备选民资格的中华人民共和国公民，都应当进行登记。计算年满十八周岁选民的年龄应以当地选举日为截止期。

第二十三条 每一选民只能在一个选区进行登记：

（一）凡属机关、团体、企业、事业单位的工作人员以及有本地户籍的、上述单位的务工人员，均在所在单位登记；

（二）在校学生一般应在学校登记；

（三）离休人员一般在原工作单位或者接受管理单位进行登记，也可以按照本人要求，凭选民资格证明或者持身份证在户籍所在地或者现居住地进行登记；

（四）退休人员一般在户籍所在地进行登记，也可以按照本人要求，凭选民资格证明或者持身份证在原工作单位、受聘单位或者现居住地进行登记；

（五）临时到外地务工、学习或者居住的选民，不能回原工作单位或者户籍所在地的，凭选民资格证明或者持身份证，在现居住地登记；

（六）户籍不在本省、现居住在本省的人员，一般在户籍所在地参加选举；凭户籍所在地的选民资格证明或者持身份证，也可以在现居住地或者工作单位进行登记；

（七）解放军、武装警察部队的在职员工，随军家属，行政关系在军队的企业事业单位人员，在军队登记；在地方医院住院的解放军、武装警察部队伤病员，在地方院校学习的解放军、武装警察部队干部、战士，为解放军、武装警察部队服务而行政关系不在军队的人员，在所在地方选区登记；

（八）出国（境）探亲、学习、讲学、访问、考察、援外等工作人员和留学生应在原单位或者原户籍所在地登记；

（九）旅居国外及港澳台地区的中华人民共和国公民，在县乡人民代表大会代表选举期间在本省的，可以在本省原籍地或者出国前居住地进行登记；

（十）其他人员和依法准予行使选举权利人员的选民登记，由县乡两级选举委员会根据《中华人民共和国全国人民代表大会和地方各级人民代表大会选举法》研究决定。

第二十四条 下列人员准予进行选民登记：

（一）被判处有期徒刑、拘役、管制而没有附加剥夺政治权利的；

（二）被羁押、正在受侦查、起诉、审判，人民检察院或者人民法院没有决定停止行使选举权利的；

（三）正在取保候审或者被监视居住的；

（四）正在受拘留处罚的。

第二十五条 因刑事犯罪案被判刑并有附加剥夺政治权利的不予登记。

第二十六条 被羁押、正在受侦查、起诉、审判的人，经人民检察院或者人民法院决定停止行使选举权利的暂缓登记。

第二十七条 根据医疗机构证明，经选举委员会确认不能行使选举权利的精神病患者及智障人员等不列入选民名单。

第二十八条 登记确认的选民资格长期有效。每次选举前对上次选民登记以后新满十八周岁的和恢复政治权利的选民予以登记。将迁出原选区的选民列入新迁入选区的选民名单；对死亡和依照法律被剥夺政治权利的人，从选民名单上除名。

第二十九条 选民登记结束，经本级选举委员会审查，在选举日的二十日以前公布选民名单。

第六章　代表候选人的提出

第三十条 不设区的市、市辖区、县、自治县、乡、民族乡、镇人民代表大会的代表候选人，按照选区提名产生。

正式代表候选人名额，应当多于应选代表名额三分之一至一倍。

第三十一条 各政党、各人民团体可以联合或者单独推荐代表候选人；选民十人以上也可以联名推荐代表候选人。推荐候选人应当采取书面形式。

各政党、各人民团体联合或者单独推荐的代表候选人的人数，每一选民参加联名推荐的代表候选人的人数，均不得超过本选区应当选代表的名额。

第三十二条　各政党、各人民团体和选民推荐的代表候选人都应列入初步代表候选人名单，初步代表候选人的名单及代表候选人的基本情况应当在选举日的十五日以前公布，选举委员会不得调整和增减。

第三十三条　各政党、各人民团体和选民提出的候选人名单由选举委员会汇总后，交各选区选民反复酝酿、讨论、协商，根据较多数选民的意见，确定正式代表候选人名单，正式代表候选人名单及代表候选人的基本情况应当在选举日的七日以前公布。

第三十四条　选举委员会应当向选民较详细地介绍代表候选人的情况，组织代表候选人与选民见面，回答选民提出的问题，让选民知名、知人、知情。但在选举日必须停止对代表候选人的介绍。

第三十五条　在本行政区域内，一个选区的选民如需到另一个选区应选，选举委员会应将该选民的自然情况和表现向其所到选区选民介绍，并使其与选民见面。

第三十六条　公民参加县乡两级人民代表大会代表的选举，不得直接或者间接接受境外机构、组织、个人提供的与选举有关的任何形式的资助。

违反前款规定的，不列入代表候选人名单；已经列入代表候选人名单的，从名单中除名；已经当选的，其当选无效。

第七章　选举程序和方法

第三十七条　县乡两级人民代表大会代表的选举，应当严格依照法定程序进行，并接受监督。任何组织或者个人都不得以任何方式干预选民自由行使选举权。

第三十八条 选举县乡两级人民代表大会代表时，选民根据选举委员会的规定，凭身份证或者选民证领取选票。其投票形式要从实际出发，以方便选民参加选举为原则。选民工作、居住比较集中的，可以召开选举大会，进行选举。可以设立投票站，分别投票：农村以村或者村民小组设立中心投票站；城镇可以按照居民委员会或者社区设立投票站；县直各系统几个单位联合划分一个选区的，应当在各单位分别设立投票站。可以设立流动投票箱，分别到年老体弱、行动困难和不能离开生产、工作岗位的选民中组织投票。

选民在选举期间外出，经选举委员会同意，可以书面委托其他选民代为投票。每一选民接受的委托不得超过三人。

第三十九条 县乡两级人民代表大会代表的选举，一律采用无记名投票的方法。选举时应当设有秘密写票处。

选民如果是文盲或者因残疾不能写选票的，可以委托他信任的人代写。

第四十条 每次选举所投的票数，多于投票人数的无效，等于或者少于投票人数的有效。

每一选票所选的人数，多于规定应选代表人数的作废，等于或者少于规定应选代表人数的有效。

第四十一条 在选举县乡两级人民代表大会代表时，选区全体选民的过半数参加投票，选举有效。代表候选人获得参加投票的选民过半数的选票时，始得当选。

获得过半数选票的代表候选人的人数超过应选代表名额时，以得票多的当选。如遇票数相等不能确定当选人时，应当就票数相等的候选人再次投票，以得票多的当选。

选举县乡两级人民代表大会代表，当选代表的人数少于应选代表的名额时，不足的名额另行选举，代表候选人以得票多的当选，但是得票数不得少于选票的三分之一。

第四十二条 选举日期，一般应由不设区的市、市辖区、县、自治县人大常委会或者选举委员会统一确定，选举日从投票日算起一至三天。

第四十三条 选举县乡两级人民代表大会代表，投票选举结束后，由选民推选的监票、计票人员和选举委员会的人员将投票人数和票数加以核对，作出记录，并由监票人签字。以选区为单位，向选民公布选举结果。

代表候选人的近亲属不得担任监票人、计票人。

当选代表名单由选举委员会予以公布。

第四十四条 代表资格审查委员会依法对当选代表是否符合宪法、法律规定的代表的基本条件，选举是否符合法律规定的程序，以及是否存在破坏选举和其他当选无效的违法行为进行审查，提出代表当选是否有效的意见，向县级的人民代表大会常务委员会或者乡级的人民代表大会主席团报告。

县级的人民代表大会常务委员会或者乡级的人民代表大会主席团根据代表资格审查委员会提出的报告，确认代表的资格或者确定代表的当选无效，在每届人民代表大会第一次会议前公布代表名单。

第四十五条 公民不得同时担任两个以上无隶属关系的行政区域的人民代表大会代表。

第八章 少数民族的选举

第四十六条 聚居和散居的少数民族应当按照《中华人民共和国全国人民代表大会和地方各级人民代表大会选举法》的规定，参加当地人民代表大会代表的选举。

第四十七条 聚居的人口特别少的少数民族，至少应当选出一名代表参加当地的人民代表大会。

第九章 对代表的监督和罢免、辞职、补选

第四十八条 不设区的市、市辖区、县、自治县、乡、民族

乡、镇人民代表大会代表，受原选区选民的监督。

第四十九条 选民有权罢免自己选出的代表。

对于县级的人民代表大会代表，原选区选民五十人以上联名，对于乡级的人民代表大会代表，原选区选民三十人以上联名，可以向县级人民代表大会常务委员会书面提出罢免要求，罢免要求应当写明罢免理由。受理机关应当及时调查并听取被提出罢免的代表的申辩意见。受理机关将选民的罢免要求和被提出罢免的代表的书面申辩意见印发原选区选民，并派有关负责人员到原选区主持选民罢免表决会议。被提出罢免的代表有权在会议上提出申辩意见。罢免代表，以选区过半数选民通过。

罢免代表采用无记名的表决方式。

罢免代表的决议，须报上一级人民代表大会常务委员会备案。

第五十条 县级的人民代表大会常务委员会组成人员、人民代表大会专门委员会成员的代表职务被罢免的，其常务委员会组成人员或者专门委员会成员的职务相应撤销，由主席团或者常务委员会予以公告。

乡级的人民代表大会主席、副主席的代表职务被罢免的，其主席、副主席的职务相应撤销，由主席团予以公告。

第五十一条 县级的人民代表大会代表可以向本级人民代表大会常务委员会书面提出辞职，乡级的人民代表大会代表可以向本级人民代表大会书面提出辞职。县级的人民代表大会常务委员会接受辞职，须经常务委员会组成人员的过半数通过。乡级的人民代表大会接受辞职，须经人民代表大会过半数的代表通过。接受辞职的，应当予以公告。

第五十二条 县级的人民代表大会常务委员会组成人员、人民代表大会专门委员会成员，辞去代表职务的请求被接受的，其常务委员会组成人员、专门委员会成员的职务相应终止，由常务委员会予以公告。

乡级的人民代表大会主席、副主席，辞去代表职务的请求被接受的，其主席、副主席的职务相应终止，由主席团予以公告。

第五十三条 因故出缺的代表可以由原选区另行补选。代表候选人的名额可以多于应选代表的名额，也可以同应选代表的名额相等。补选的方式可以投票，也可以举手表决，由选区选民大会确定。补选的程序从简。

对补选产生的代表，依照本实施细则第四十四条的规定进行代表资格审查。

第十章 对破坏选举的制裁

第五十四条 为保障选民自由行使选举权和被选举权，对有下列行为之一，破坏选举，违反治安管理规定的，依法给予治安管理处罚；构成犯罪的，依法追究刑事责任：

（一）以金钱或者其他财物贿赂选民，妨害选民自由行使选举权和被选举权的；

（二）以暴力、威胁、欺骗或者其他非法手段妨害选民自由行使选举权和被选举权的；

（三）伪造选举文件、虚报选举票数或者有其他违法行为的；

（四）对于控告、检举选举中违法行为的人，或者对于提出要求罢免代表的人进行压制、报复的。

国家工作人员有前款所列行为的，还应当依法给予行政处分。

以本条第一款所列违法行为当选的，其当选无效。

第十一章 附 则

第五十五条 本实施细则自公布之日起施行。

内蒙古自治区各级人民代表大会选举实施细则

（1989年9月28日内蒙古自治区第七届人民代表大会常务委员会第八次会议通过；根据1996年4月3日内蒙古自治区第八届人民代表大会常务委员会第十九次会议《关于修改〈内蒙古自治区各级人民代表大会选举实施细则〉的决定》第一次修正；根据1999年3月25日内蒙古自治区第九届人民代表大会常务委员会第八次会议《关于修改〈内蒙古自治区各级人民代表大会选举实施细则〉的决定》第二次修正；根据2005年7月29日内蒙古自治区第十届人民代表大会常务委员会第十七次会议《关于修改〈内蒙古自治区各级人民代表大会选举实施细则〉的决定》第三次修正；根据2011年4月1日内蒙古自治区第十一届人民代表大会常务委员会第二十一次会议《关于修改〈内蒙古自治区各级人民代表大会选举实施细则〉的决定》第四次修正；根据2016年9月29日内蒙古自治区第十二届人民代表大会常务委员会第二十六次会议《关于修改〈内蒙古自治区各级人民代表大会选举实施细则〉等七部地方性法规的决定》第五次修正）

第一章　总　则

第一条　根据《中华人民共和国全国人民代表大会和地方各级人民代表大会选举法》（以下简称选举法）、《中华人民共和国民族区域自治法》和《全国人民代表大会常务委员会关于县级以下人民代表大会代表直接选举的若干规定》（以下简称直接选举若干规定)，结合内蒙古自治区的实际，制定本细则。

第二条 自治区各级人民代表大会代表的选举，要充分体现民族区域自治制度，保障各民族的选举权与被选举权。

第三条 自治区人民代表大会代表，由各设区的市、盟辖旗、县、不设区的市人民代表大会和内蒙古军区、人民解放军驻军选举产生。

设区的市人民代表大会代表，由所辖旗、县、自治旗、不设区的市、市辖区人民代表大会选举产生。

旗、县、自治旗、不设区的市、市辖区（以下简称旗县级）和苏木、乡、民族乡、镇（以下简称苏木乡级）人民代表大会代表，由选民直接选举产生。

旗县级、苏木乡级人民代表大会代表的选举工作，统一部署，分级组织，分别进行。

第四条 自治区各级人民代表大会的代表应当具有广泛的代表性，应当有适当数量的基层代表，特别是工人、农民、牧民和知识分子代表；应当有适当数量的妇女代表，并逐步提高妇女代表的比例。

第五条 旗、县或者市辖区人民政府驻地在市或者在其他市辖区内的，其所属机关、团体和企事业组织的职工，参加本旗、县或者市辖区的人民代表大会代表的选举，不参加驻地所在市或者市辖区的人民代表大会代表的选举。

旗、县、市辖区所属企事业组织驻地在外旗、县或者邻近市辖区的，其职工只参加所属旗、县和市辖区的人民代表大会代表的选举，不参加驻地所在旗、县或者市辖区的人民代表大会代表的选举。

驻在苏木、乡、民族乡、镇的不属于旗县级以下人民政府所属的企事业组织的职工，可以只参加旗县级人民代表大会代表的选举，特殊需要的，可以同时参加苏木乡级人民代表大会代表的选举。

旅居国外的中华人民共和国公民在旗县级以下人民代表大会代表选举期间在国内的，可以参加原籍地或者出国前居住地的选举。

第六条 中国人民解放军驻内蒙古自治区部队，按照《中国人民解放军选举全国人民代表大会和地方各级人民代表大会代表的办法》选举出席旗县级以上地方各级人民代表大会代表。

人民武装警察部队，参加驻地所在旗县级以上的地方各级人民代表大会代表的选举。

第七条 自治区各级人民代表大会的选举经费，列入各级地方财政预算，由国库开支。本级地方财政确有困难，由上级财政给予适当补贴。

第八条 选民证、代表候选人名单、选票、代表当选证书和选举委员会印章等，要使用蒙、汉两种文字。

第二章 选举工作机构

第九条 自治区、设区的市人民代表大会常务委员会，主持本级人民代表大会代表的选举。

旗县、苏木乡级设立选举委员会，主持本级人民代表大会代表的选举。选举委员会受旗县级人民代表大会常务委员会的领导。

自治区、设区的市人民代表大会常务委员会和自治区人民代表大会常务委员会盟工作委员会指导本行政区域内旗县、苏木乡级人民代表大会代表的选举工作。

各级设立相应的选举机构，办理选举工作的具体事宜。上级选举机构指导下级选举机构的工作。

第十条 选举旗县级以下人民代表大会代表时，自治区、设区的市设立选举机构，其组成人员由本级人民代表大会常务委员会决定。

旗县级选举委员会由十一人至十九人组成，设主任一人，副主任一至三人。

苏木乡级选举委员会由七人至十一人组成，设主任一人，副主任一至三人。

旗县级选举委员会的组成人员，由本级人民代表大会常务委员会任命。

苏木乡级选举委员会组成人员，由旗县级人民代表大会常务委员会任命。

选举委员会的组成人员为代表候选人时，应当辞去选举委员会的职务。

第十一条 选举委员会履行下列职责：

（一）制定本级人民代表大会选举工作方案，划分选举本级人民代表大会代表的选区，分配各选区应选代表的名额；

（二）进行选民登记，审查选民资格，公布选民名单；受理对于选民名单不同意见的申诉，并作出决定；

（三）确定选举日期；

（四）了解核实并组织介绍代表候选人的情况；根据较多数选民的意见，确定和公布正式代表候选人名单；

（五）主持投票选举；

（六）确定选举结果是否有效，公布当选代表名单，登记当选代表，颁发代表当选通知书；

（七）总结选举工作并向上级选举机构报告；

（八）法律规定的其他职责。

选举委员会应当及时公布选举信息。

第十二条 各选区设选举工作小组，作为选举委员会的派出机构，由五至七人组成。

选举工作小组的任务：按选举委员会的统一部署，训练工作人员，组织学习有关法律、法规，进行选民登记，公布选民名单，组织选民酝酿、协商代表候选人名单，组织选民投票选举，办理选举委员会交办的其他选举工作事宜。

第十三条 每一选区可划分若干选民小组，推选正、副组长各一人，负责组织选举活动。

第三章 代表名额的确定和分配

第十四条 自治区各级人民代表大会的代表名额，由本级人民代表大会常务委员会或者本级选举委员会根据本行政区域所辖的下一级各行政区域或者各选区的人口数，按照每一代表所代表的城乡人口数相同的原则，以及保证各地区、各民族、各方面都有适当数量代表的要求进行分配。在旗县级的人民代表大会中，人口特少的苏木、乡、民族乡、镇，至少应有代表一人。

自治区各级人民代表大会代表名额的分配办法，由自治区人民代表大会常务委员会参照全国人民代表大会代表名额分配的办法，结合自治区的具体情况规定。

第十五条 自治区各级人民代表大会代表名额，按选举法的规定，以地方人民政府公布的人口统计数确定。

（一）自治区的代表名额基数为三百五十名，每十五万人可以增加一名代表；

（二）设区的市的代表名额基数为二百四十名，每二万五千人可以增加一名代表；

（三）旗县级的代表名额基数为一百二十名，每五千人可以增加一名代表；人口不足五万的，代表总名额可以少于一百二十名；

（四）苏木乡级的代表名额基数为四十名，每一千五百人可以增加一名代表；人口不足二千的苏木、乡、民族乡、镇代表总名额可以少于四十名。

经全国人民代表大会常务委员会决定，自治区代表名额可以增加百分之五。聚居的少数民族多，或者人口居住分散的旗、县、自治旗、苏木、乡、民族乡，经自治区人民代表大会常务委员会决定，代表名额可以增加百分之五。

自治区人民代表大会代表具体名额依法由全国人民代表大会常务委员会确定。设区的市和旗县级人民代表大会代表具体名额，依法由自治区人民代表大会常务委员会确定，报全国人民代表大会常务委员会备案。苏木乡级人民代表大会代表具体名额，依法由旗县级的人民代表大会常务委员会确定，报上一级人民代表大会常务委员会备案。

第十六条　中国人民解放军选举出席旗县级以上地方各级人民代表大会代表的名额，由地方各级人民代表大会常务委员会同内蒙古军区、军分区、驻军团和团以上的领导机关确定。

第十七条　自治区各级人民代表大会的代表总名额经确定后，不再变动。如果由于行政区划变动或者由于重大工程建设等原因造成人口较大变动的，该级人民代表大会的代表总名额依照选举法的规定重新确定。

第四章　蒙古族和其他少数民族的选举

第十八条　蒙古族或者其他少数民族聚居的地方，蒙古族或者聚居的其他少数民族，都应有适当名额的代表参加当地的人民代表大会。所分配的蒙古族和其他少数民族代表名额必须依法保证。

（一）聚居境内的蒙古族或者其他同一少数民族的总人口数占境内总人口数百分之三十以上的，每一代表所代表的人口数应相当于当地人民代表大会每一代表所代表的人口数；

（二）聚居境内的蒙古族或者其他同一少数民族的总人口数不足境内总人口数百分之十五的，每一代表所代表的人口数可以适当少于当地人民代表大会每一代表所代表的人口数，但不得少于二分之一；实行区域自治的民族人口特少的自治旗，经自治区人民代表大会常务委员会决定，可以少于二分之一。人口特少的其他聚居民族，至少应有代表一人；

（三）聚居境内的蒙古族或者其他同一少数民族的总人口数占境内总人口数百分之十五以上、不足百分之三十的，每一代表所代表的人口数，可以适当少于当地人民代表大会每一代表所代表的人口数，但分配给蒙古族或者其他同一少数民族的代表名额不得超过代表总名额的百分之三十；

（四）人口很少的其他聚居民族，至少应有代表一人。

第十九条 散居的少数民族应选当地人民代表大会代表，每一代表所代表的人口数可以少于当地人民代表大会每一代表所代表的人口数。

第二十条 本细则第十八条、第十九条所规定的蒙古族和自治旗实行区域自治的民族以及其他少数民族代表名额的比例，由设区的市人民代表大会常务委员会或者自治区人民代表大会常务委员会盟工作委员会审定，报自治区人民代表大会常务委员会备案。

第五章　选区划分

第二十一条 选区的划分本着便于选民参加选举活动和选举组织工作的原则，选区可以按居住区域划分，也可以按生产单位、企事业单位、工作单位划分。

旗县级和苏木乡级人民代表大会代表的名额分配到选区，按选区进行选举。选区的大小，按照每一选区选一至三名代表划分。

本行政区域内各选区每一代表所代表的人口数应当大体相等。

第二十二条 选区的具体划分：

（一）选举旗县级人民代表大会代表，农村、牧区以一个或者几个嘎查、村民委员会划分选区。苏木、乡、民族乡人民政府机关及所属单位，按分布情况单独或者联合划分选区。城镇以居民委员会或者生产单位、工作单位划分选区，人口较少的相邻居民委员会或者生产单位、工作单位可以联合划分选区；

（二）选举苏木、乡、民族乡人民代表大会代表，以一个嘎查、村民委员会或者几个独贵龙、村民小组划分选区。

镇人民代表大会代表的选举，以居民（嘎查、村民）委员会、生产单位、工作单位单独或者联合划分选区。

第二十三条 旗县级和苏木乡级人民代表大会代表同时进行换届选举时，选区应分别划分。

第六章 选民登记

第二十四条 选民登记按选区进行。经登记确认的选民资格长期有效。每次选举前，对上次选民登记后年满十八周岁的、被剥夺政治权利期满后恢复政治权利的人予以登记。对经登记后迁出原选区的选民，列入新迁入选区的选民名单。对死亡的和依照法律被剥夺政治权利的人，从选民名单中除名。

第二十五条 选民只能在一个选区登记。选民登记要做到合法、准确、不重、不漏、不错，保证选民依法行使选举权，防止被依法剥夺政治权利的人窃取选举权。

第二十六条 精神病患者不能行使选举权利的，经选举委员会确认，不列入选民名单。

第二十七条 各选区可以设立若干选民登记小组、选民登记站，采取登记选民和选民登记相结合办理登记。

（一）城镇、苏木、乡的居民、农牧民和个体工商业者，在户口所在地登记；

（二）机关、团体、企事业单位的职工、人民武装警察部队、旗县级人民武装部人员和在校学生，在单位所在地登记；

（三）离、退休人员可以在户口所在地或者原工作单位所在地登记；

（四）流动人口中的选民，取得原居住地证明后，限时到指定选民登记站自行登记，过期不登记者，视为自动放弃选民资格；

（五）选民名单公布后至投票选举日前，恢复政治权利的人，可以补办登记手续。

第二十八条 下列人员应准予登记，行使选举权：

（一）被判处有期徒刑、缓刑、拘役、管制，而没有附加剥夺政治权利的；

（二）被羁押、正在受侦查、起诉、审判，人民检察院或者人民法院没有决定停止行使选举权的；

（三）正在取保候审或者被监视居住的；

（四）正在被劳动教养的；

（五）正在受拘留处罚的。

以上人员参加选举的方式，由执行监禁、拘役、拘留或者劳动教养的机关和选举委员会共同决定。

第二十九条 依照法律被剥夺政治权利的人没有选举权和被选举权。因危害国家安全案或者其他严重刑事犯罪案被羁押，正在受侦查、起诉、审判的人，经人民检察院或者人民法院决定，在被羁押期间停止行使选举权。

第三十条 选民名单应在选举日的二十日以前公布，对选民名单有不同意见的，可以向选举委员会提出申诉。选举委员会对申诉意见，应在三日内作出处理决定并告知申诉人。申诉人如果对处理决定不服，可以在选举日的五日以前向人民法院起诉，人民法院应在选举日以前作出判决。人民法院的判决为最后决定。

第七章 代表候选人的提出

第三十一条 自治区各级人民代表大会的代表候选人，按选区或者选举单位提名产生。

各政党、各人民团体，可以联合或者单独推荐代表候选人。选民或者代表，十人以上联名，也可以推荐代表候选人。推荐者应向选举委员会或者大会主席团介绍代表候选人的情况。接受推荐的代表候选人应当向选举委员会或者大会主席团如实提供个人身份、简历等基本情况。提供的基本情况不实的，选举委员会或者大会主席团应当向选民或者代表通报。

各政党、各人民团体联合或者单独推荐的代表候选人的人数，每一选民或者代表参加联名推荐的代表候选人的人数，均不得超过本选区或者选举单位应选代表的名额。

第三十二条 自治区各级人民代表大会代表实行差额选举，代表候选人的人数应多于应选代表的名额。

由选民直接选举人民代表大会代表的，代表候选人的人数应多于应选代表名额三分之一至一倍；由旗县级以上的地方各级人民代表大会选举上一级人民代表大会代表的，代表候选人的人数应多于应选代表名额五分之一至二分之一。

第三十三条 由选民直接选举人民代表大会代表的，代表候选人由各选区选民和各政党、各人民团体提名推荐。选举委员会汇总后，将代表候选人名单及代表候选人的基本情况在选举日的十五日以前公布，并交各该选区的选民小组讨论、协商，确定正式代表候选人名单。如果所提代表候选人的人数超过选举法第三十条规定的最高差额比例，由选举委员会交各该选区的选民小组讨论、协商，根据较多数选民的意见，确定正式代表候选人名单；对正式代表候选人不能形成较为一致意见的，进行预选，根据预选时得票多少的顺序，确定正式代表候选人名单。正式代表候选人名单以及代表候选人的基本情况应当在选举日的七日以前公布。

旗县级以上各级人民代表大会在选举上一级人民代表大会代表时，提名、酝酿代表候选人的时间不得少于两天。各该级人民代表大会主席团将依法提出的代表候选人名单及代表候选人的基本情况印发全体代表，由全体代表酝酿、讨论。如果所提代表候选人的人数符合选举法第三十条规定的差额比例，直接进行投票选举。如果所提代表候选人的人数超过选举法第三十条规定的最高差额比例，进行预选，根据预选时得票多少的顺序，按照本级人民代表大会的选举办法，根据选举法确定的具体差额比例，确定正式代表候选人名单，进行投票选举。代表候选人不限于各该级人民代表大会的代表。

第三十四条 各政党、各人民团体、选民或者代表依法推荐的代表候选人，都应列入代表候选人名单，选举委员会和主席团不得调换或者增减。

代表候选人名单，用蒙文排列的以名字的字母为序；用汉文排列的，以姓名笔划为序。

第三十五条 选举委员会或者人民代表大会主席团应当向选民或者代表介绍代表候选人的情况。推荐代表候选人的政党、人民团体和选民、代表可以在选民小组或者代表小组会议上介绍所推荐的代表候选人的情况。选举委员会根据选民的要求，应当组织代表候选人与选民见面，由代表候选人介绍本人的情况，回答选民的问题。

第三十六条 公民参加各级人民代表大会代表的选举，不得直接或者间接接受境外机构、组织、个人提供的与选举有关的任何形式的资助。

违反前款规定的，不列入代表候选人名单；已经列入代表候选人名单的，从名单中除名；已经当选的，其当选无效。

第八章 选举程序

第三十七条 自治区各级人民代表大会代表的选举，应当严格依照法定程序进行，并接受监督。任何组织或者个人都不得以任何方式干预选民或者代表自由行使选举权。

第三十八条 选举委员会应当根据各选区选民分布状况，按照方便选民投票的原则设立投票站，进行选举。选民居住比较集中的，可以召开选举大会，进行选举；因患有疾病等原因行动不便或者居住分散并且交通不便的选民，可以在流动票箱投票。

第三十九条 流动票箱应当由两名以上监票人负责。流动票箱的选票应当与投票站或者选举大会的选票同时开箱。

第四十条 投票选举由选举委员会主持，也可以由选举委员会委托选区的选举工作小组主持。选举时应当公布选民人数、代表候选人名单和应选名额及投票注意事项，组织选民投票。正式代表候选人不得在本选区主持投票选举或者担任工作人员。

从规定的选举日起五日内为选举投票时间。因特殊情况需要提前或者推迟选举的，须经上一级选举机构批准。

第四十一条 旗县级以上的各级人民代表大会在选举上一级人民代表大会代表时，由各该级人民代表大会主席团主持。

第四十二条 自治区各级人民代表大会代表的选举，一律采取无记名投票的方法。选举时应当设有秘密写票处。

选民如果是文盲或者因残疾不能写选票的，可以委托自己信任的人代写。

第四十三条 选举人对于代表候选人可以投赞成票，可以投反对票，可以另选其他任何选民，也可以弃权。

第四十四条 选民如果在选举期间外出，经选举委员会同意，可以书面委托其他选民代为投票。每一选民接受的委托不得超过三人，并应当按照委托人的意愿代为投票。

第四十五条 每次选举所投的票数，多于投票人数的无效，等于或者少于投票人数的有效。

每一选票所选人数，多于规定应选代表人数的作废，等于或者少于规定应选代表人数的有效。

第四十六条 投票结束后，由选民或者代表推选的监票、计票人员和选举委员会或者人民代表大会主席团的人员将投票人数和票数加以核对，作出记录，并由监票人签字。

代表候选人的近亲属不得担任监票人、计票人。

第四十七条 在选民直接选举人民代表大会代表时，选区全体选民的过半数参加投票，选举有效。代表候选人获得参加投票的选民过半数的选票时，始得当选。

旗县级以上的地方各级人民代表大会在选举上一级人民代表大会代表时，代表候选人获得全体代表过半数的选票时，始得当选。

获得过半数选票的代表候选人的人数超过应选代表名额时，以得票多的当选。如遇票数相等不能确定当选人时，应当就票数相等的候选人再次投票，以得票多的当选。

获得过半数选票的当选代表的人数少于应选代表的名额时，不足的名额另行选举。另行选举时，根据在第一次投票时得票多少的顺序，按照本实施细则第三十二条规定的差额比例，确定候选人名单。如果只选一人，候选人应为二人。

依照前款规定另行选举旗县级和苏木乡级的人民代表大会代表时，代表候选人以得票多的当选，但是得票数不得少于选票的三分之一；旗县级以上的地方各级人民代表大会在另行选举上一级人民代表大会代表时，代表候选人获得全体代表过半数的选票，始得当选。

第四十八条　选举结果由选举委员会或者人民代表大会主席团根据选举法确定是否有效，并予以宣布。

当选代表名单由选举委员会或者人民代表大会主席团予以公布。

第四十九条　代表资格审查委员会依法对当选代表是否符合宪法、法律规定的代表的基本条件，选举是否符合法律规定的程序，以及是否存在破坏选举和其他当选无效的违法行为进行审查，提出代表当选是否有效的意见，向本级人民代表大会常务委员会或者苏木乡级的人民代表大会主席团报告。

旗县级以上的地方各级人民代表大会常务委员会或者苏木乡级人民代表大会主席团根据代表资格审查委员会提出的报告，确认代表的资格或者确定代表的当选无效，在每届人民代表大会第一次会议前公布代表名单。

第五十条　公民不得同时担任两个以上无隶属关系的行政区域的人民代表大会代表。

第九章　对代表的监督和罢免、辞职、补选

第五十一条　自治区各级人民代表大会代表，受选民和原选举单位监督。选民或者选举单位有权罢免自己选出的代表。

第五十二条　罢免各级人民代表大会代表的具体办法和程序，依照选举法第四十九条、第五十条、第五十一条、第五十二条和第五十三条的规定办理。

第五十三条　旗县级以上的各级人民代表大会代表，可以向选举他的人民代表大会常务委员会书面提出辞职。常务委员会接受辞职，须经常务委员会组成人员的过半数通过。接受辞职的决议，须报送上一级人民代表大会常务委员会备案、公告。

旗县级的人民代表大会代表可以向本级人民代表大会常务委员会书面提出辞职，苏木乡级的人民代表大会代表可以向本级人民代表大会书面提出辞职。旗县级的人民代表大会常务委员会接受辞职，须经常务委员会组成人员的过半数通过。苏木乡级的人民代表大会接受辞职，须经人民代表大会过半数的代表通过。接受辞职的，应当予以公告。

第五十四条　旗县级以上的各级人民代表大会常务委员会组成人员，自治区和设区的市人民代表大会的专门委员会成员，辞去代表职务的请求被接受的，其常务委员会组成人员、专门委员会成员的职务相应终止，由常务委员会予以公告。

苏木乡级的人民代表大会主席、副主席，辞去代表职务的请求被接受的，其主席、副主席的职务相应终止，由主席团予以公告。

第五十五条　代表在任期内，因故出缺，由原选区或者原选举单位补选。

自治区各级人民代表大会代表在任期内调离或者迁出本行政区域的，其代表资格自行终止，缺额另行补选。

第五十六条　补选代表的办法和程序：

（一）补选因故出缺的代表，由原选举单位或者原选区进行。旗县级以上人民代表大会补选上一级人民代表大会代表，由大会主席团将补选代表候选人名单提交全体代表讨论，并介绍代表候选人的情况，由代表大会进行补选；在人民代表大会闭会期间，由该级人民代表大会常务委员会进行补选。补选旗县级或者苏木乡级人民代表大会代表，由原选区进行。

（二）补选代表候选人的名额由旗县级以上人民代表大会常务委员会依法决定，可以多于补选代表名额，也可以同补选代表名额相等。

（三）旗县级人民代表大会代表的补选，由旗县级人民代表大会常务委员会主持。苏木乡级人民代表大会代表的补选，由苏木乡级人民代表大会主席团主持。补选时应重新核对选民名单，对变动情况进行补正。补选代表候选人的情况应向选民介绍，在征得多数选民同意后，将补选代表候选人名单在选举日的七日以前公布。

（四）补选代表，采用无记名投票方式进行选举。补选旗县级以上人民代表大会选举产生的上一级人民代表大会代表，代表候选人获得全体代表或者常务委员会组成人员过半数选票，始得当选。补选由选民直接选举的旗县级和苏木乡级人民代表大会代表，选区全体选民过半数参加补选，选举有效；代表候选人获得参加选举选民的过半数选票，始得当选。

（五）对补选产生的代表，依照本实施细则第四十九条的规定进行代表资格审查。

（六）补选的代表，其任期到本届人民代表大会届满为止。

第十章　对破坏选举的制裁

第五十七条　为保障选民和代表自由行使选举权和被选举权，对有下列行为之一，破坏选举，违反治安管理规定的，依法给予治安管理处罚；构成犯罪的，依法追究刑事责任：

（一）以金钱或者其他财物及其他方式贿赂选民或者代表，妨害选民和代表自由行使选举权和被选举权的；

（二）以暴力、威胁、欺骗或者其他非法手段妨害选民和代表自由行使选举权和被选举权的；

（三）伪造选举文件、虚报选举票数或者有其他违法行为的；

（四）对于控告、检举选举中违法行为的人，或者对于提出要求罢免代表的人进行压制、报复的。

国家工作人员有前款所列行为的，还应当依法给予行政处分。

以本条第一款所列违法行为当选的，其当选无效。

第五十八条　主持选举的机构发现有破坏选举的行为或者收到对破坏选举行为的举报，应当及时依法调查处理；需要追究法律责任的，及时移送有关机关予以处理。

第十一章　附　则

第五十九条　本实施细则自公布之日起施行。

安徽省各级人民代表大会选举实施细则

（1986年8月30日安徽省第六届人民代表大会常务委员会第二十四次会议通过；根据1986年12月28日安徽省第六届人民代表大会常务委员会第二十六次会议《关于修改〈安徽省各级人民代表大会选举实施细则〉的决定》第一次修正；根据1989年8月28日安徽省第七届人民代表大会常务委员会第十二次会议《关于修改〈安徽省各级人民代表大会选举实施细则〉的决定》第二次修正；根据1995年8月19日安徽省第八届人民代表大会常务委员会第十八次会议《关于修改〈安徽省各级人民代表大会选举实施细则〉的决定》第三次修正；根据2005年4月21日安徽省第十届人民代表大会常务委员会第十六次会议《关于修改〈安徽省各级人民代表大会选举实施细则〉的决定》第四次修正；根据2010年10月22日安徽省第十一届人民代表大会常务委员会第二十一次会议《关于修改〈安徽省各级人民代表大会选举实施细则〉的决定》第五次修正；根据2016年5月27日安徽省第十二届人民代表大会常务委员会第二十九次会议《关于修改〈安徽省各级人民代表大会选举实施细则〉的决定》第六次修正）

第一章　总　则

第一条　根据《中华人民共和国全国人民代表大会和地方各级人民代表大会选举法》（以下简称选举法）和《中华人民共和国地

方各级人民代表大会和地方各级人民政府组织法》（以下简称地方组织法），结合我省的实际情况，制定本实施细则。

第二条 省、设区的市的人民代表大会的代表，由下一级人民代表大会选举。

不设区的市、市辖区、县、乡、民族乡、镇的人民代表大会的代表，由选民直接选举。

第三条 每一选民只能参加一个选区的选举，在一次选举中只有一个投票权。

第四条 中国人民解放军驻皖部队，按照《中国人民解放军选举全国人民代表大会和县级以上地方各级人民代表大会代表的办法》进行选举。

第五条 中国人民武装警察部队参加驻地的不设区的市、市辖区、县的人民代表大会代表的选举。

第六条 地方各级人民代表大会的代表应当具有广泛的代表性，应当有适当数量的基层代表，特别是工人、农民和知识分子代表；应当有适当数量的妇女代表，并逐步提高妇女代表的比例。

第七条 地方各级人民代表大会的选举经费，列入财政预算。

第二章 选举工作机构

第八条 省、设区的市的人民代表大会常务委员会主持本级人民代表大会代表的选举，指导本行政区域内县级以下人民代表大会代表的选举工作。不设区的市、市辖区、县、乡、民族乡、镇设立选举委员会，主持本级人民代表大会代表的选举。

（一）不设区的市、市辖区、县的选举委员会受本级人民代表大会常务委员会的领导，负责办理本级人民代表大会代表的选举事项。

（二）乡、民族乡、镇的选举委员会受不设区的市、市辖区、县的人民代表大会常务委员会的领导，负责办理本级人民代表大会代表的选举事项。

（三）不设区的市、市辖区、县的选举委员会，可以根据需要在城市街道办事处以及大专院校、厂矿企业或其他单位设立选举工作组，作为派出机构，办理本辖区或本单位的选举事项。

（四）选区设立选举工作小组，设组长一人，副组长若干人，办理本选区的选举事项。

选区内划分若干选民小组，由选民推选正、副组长，负责组织选民参加选举活动。

第九条 不设区的市、市辖区、县的选举委员会的组成人员，由本级人民代表大会常务委员会任命。选举委员会由本级人民代表大会常务委员会、各政党、各人民团体和有关部门、有关方面的人员组成，设主任一人，副主任二至四人，委员若干人。

乡、民族乡、镇的选举委员会的组成人员，由不设区的市、市辖区、县的人民代表大会常务委员会任命。选举委员会由乡、民族乡、镇有关方面的人员组成，设主任一人，副主任一至二人，委员若干人。

少数民族人口较多的地方应有少数民族的代表参加本级选举委员会。

选举委员会的组成人员为代表候选人的，应当辞去选举委员会的职务。

选举委员会设立办事机构，办理选举工作的具体事务。

第十条 不设区的市、市辖区、县、乡、民族乡、镇的选举委员会的职责是：

（一）宣传宪法、选举法、地方组织法以及有关规定，进行社会主义民主和法制的教育；培训选举工作人员；

（二）制订本行政区域的选举工作计划；

（三）划分选区，分配各选区应选代表的名额；

（四）进行选民登记，审查选民资格，公布选民名单，印发选民证；受理对选民名单不同意见的申诉，并作出处理决定；

（五）组织提名和协商代表候选人，了解核实并组织介绍代表候选人的情况；

（六）根据较多数选民的意见，确定和公布正式代表候选人的名单；

（七）确定、公布选举日期和地点；

（八）主持投票选举；

（九）确定选举结果是否有效，公布当选代表名单；

（十）负责选举经费的管理使用；

（十一）负责选举过程中文书资料的整理、立卷、归档工作；

（十二）法律规定的其他职责。

选举委员会应当及时公布选举信息。

第十一条　不设区的市、市辖区、县、乡、民族乡、镇的换届选举结束后，选举委员会即行撤销。本届人民代表大会任期内的选举工作，由不设区的市、市辖区、县的人民代表大会常务委员会和乡、民族乡、镇的人民代表大会主席团负责。

第三章　代表名额和分配

第十二条　地方各级人民代表大会的代表名额，依照选举法的规定确定：

（一）省的代表名额基数为三百五十名，每十五万人可以增加一名代表；

（二）设区的市的代表名额基数为二百四十名，每二万五千人可以增加一名代表；人口超过一千万的，代表总名额不得超过六百五十名；

（三）不设区的市、市辖区、县的代表名额基数为一百二十名，每五千人可以增加一名代表；人口超过一百六十五万的，代表总名额不得超过四百五十名；人口不足五万的，代表总名额可以少于一百二十名；

（四）乡、民族乡、镇的代表名额基数为四十名，每一千五百人可以增加一名代表；但是，代表总名额不得超过一百六十名；人口不足二千的，代表总名额可以少于四十名。

人口居住分散的山区县、乡和民族乡，代表名额可以另加百分之五。

第十三条 中国人民解放军选举出席地方各级人民代表大会的代表名额由驻军所在省、设区的市、不设区的市、市辖区、县的人民代表大会常务委员会决定。

第十四条 省人民代表大会代表的具体名额，由全国人民代表大会常务委员会确定。设区的市和县级的人民代表大会代表的具体名额，由省人民代表大会常务委员会确定，报全国人民代表大会常务委员会备案。乡级的人民代表大会代表的具体名额，由县级人民代表大会常务委员会确定，报上一级人民代表大会常务委员会备案。

第十五条 地方各级人民代表大会的代表总名额经确定后，不再变动。如果由于行政区划变动或者由于重大工程建设等原因造成人口较大变动的，该级人民代表大会的代表总名额依照选举法的规定重新确定。

第十六条 地方各级人民代表大会代表名额，由本级人民代表大会常务委员会或者本级选举委员会根据本行政区域所辖的下一级各行政区域或者各选区的人口数，按照每一代表所代表的城乡人口数相同的原则，以及保证各地区、各民族、各方面都有适当数量代表的要求进行分配。

在县的人民代表大会中，人口特少的乡、民族乡、镇，至少应有代表一人。

设区的市、不设区的市、市辖区、县应选上一级人民代表大会代表名额，由根据人口数计算确定的名额数、相同的地区基本名额数和其他应选名额数构成。

地方各级人民代表大会代表名额的分配办法，由省人民代表大会常务委员会参照全国人民代表大会代表名额分配的办法，结合本省的具体情况规定。

第十七条 县级行政区域内的上级或外地的机关、团体、学校和其他企业事业组织，每一代表所代表的人口数可以多于本级所属单位或居民每一代表所代表的人口数。具体分配时，由不设区的市、市辖区、县的选举委员会与相关单位、组织协商后决定。

少数民族的代表名额，依照选举法第五章的规定确定和分配。

第四章 选区划分

第十八条 不设区的市、市辖区、县、乡、民族乡、镇的人民代表大会的代表名额分配到选区，按选区进行选举。

选区的大小，按每一选区选一至三名代表划分。一个选区应选代表超过三名的，选举无效。

第十九条 本行政区域内各选区每一代表所代表的人口数应当大体相等。

第二十条 选举不设区的市、市辖区、县的人民代表大会代表的选区划分：农村可以几个村民委员会联合划为一个选区，人口多的村民委员会或者人口少的乡、民族乡、镇，也可以单独划为一个选区；乡、民族乡、镇的直属机关的人口总数够产生一至三名代表的，可以单独划分选区；市区、城关镇可以按照街道办事处或者居民委员会管辖的范围划分选区，也可以根据情况按照行业或系统划分选区；机关、团体、企业事业组织的人口总数够产生一至三名代表的，可以单独划分选区，也可以几个单位或者和所在居民委员会联合划分选区。

第二十一条 选举乡、民族乡、镇的人民代表大会代表的选区划分：农村可以几个村民小组或者自然村联合划为一个选区，人口多的村民小组或者人口少的村民委员会，也可以单独划为一个选区；集镇一般按照居民委员会管辖的范围划分选区；乡、民族乡、镇的机关和所属单位一般参加所在居民委员会或者村民委员会划分选区，人口多的单位也可以单独划分选区。

第二十二条 国家、省、设区的市所属机关、团体和企业事业组织以及外省、本省其他市、县所属组织的职工可以只参加驻地的不设区的市、市辖区、县的人民代表大会代表的选举，不参加驻地的乡、民族乡、镇的人民代表大会代表的选举。

第五章 选民登记和选民资格

第二十三条 中华人民共和国年满十八周岁具备选民资格的公民，按照选区进行登记。计算年满十八周岁的时间，以当地规定的选举日为准。

依照法律被剥夺政治权利的人，不进行选民登记。

经登记确认的选民资格长期有效。每次选举前对上次选民登记以后新满十八周岁的、被剥夺政治权利期满后恢复政治权利的选民，予以登记。对选民经登记后迁出原选区的，列入新迁入的选区的选民名单；对死亡的和依法被剥夺政治权利的人，从选民名单上除名。

无法行使选举权和被选举权的精神病患者，经监护人同意或者经医疗部门证明，选举委员会确认，不列入选民名单。

第二十四条 选区设立选民登记站，每一选民只能在一个选区进行选民登记。

机关、团体、学校、企业事业组织的职工和学生，可以在单位的选区或者居住地的选区登记。城镇其他居民和农村村民，都在户口所在地的选区登记。

人与户口不在一地的选民，一般应在户口所在地的选区进行选民登记。如果本人愿意参加现居住地或者工作地的选区选举，也可以按照当地选举委员会的有关规定，持本人身份证或者户口所在地选区的选民资格证明，就地进行选民登记。

旅居国外的中华人民共和国公民在县级以下人民代表大会代表选举期间在国内的，可以参加原籍地或者出国前居住地的选举。

第二十五条 因涉嫌危害国家安全罪或者其他严重刑事犯罪被羁押，正在受侦查、起诉、审判的人，经人民检察院或者人民法院决定，在被羁押期间停止行使选举权利的，不进行选民登记。

第二十六条 下列人员准予行使选举权利，应当进行选民登记：

（一）已被判处有期徒刑、拘役、管制而没有附加剥夺政治权利的；

（二）被羁押，正在受侦查、起诉、审判，人民检察院或者人民法院没有决定停止行使选举权利的；

（三）正在取保候审或者被监视居住的；

（四）正在受拘留处罚的。

上述人员在户口所在地选区登记，或者在现居住地选区登记，以及参加选举的方式，由执行刑罚、强制措施或者行政处罚的机关所在地的不设区的市、市辖区、县的选举工作机构与相关执行机关协商后决定。

第二十七条 选举委员会应当在选举日的二十日以前，在选区或者选民小组公布选民名单、选举日期和地点。实行凭选民证参加投票选举的，应当发给选民证。

对公布的选民名单有不同意见的，可以在选民名单公布之日起五日内向选举委员会提出申诉。选举委员会应在三日内作出处理决定。申诉人如果对处理决定不服，可以在选举日的五日以前向人民法院起诉，人民法院应在选举日前作出判决。人民法院的判决为最后决定。

第六章　代表候选人的提出

第二十八条　省、设区的市的人民代表大会的代表候选人，由下一级人民代表大会提名产生。代表候选人不限于各该级人民代表大会的代表。

不设区的市、市辖区、县、乡、民族乡、镇的人民代表大会的代表候选人，按选区提名产生。

第二十九条　各政党、各人民团体可以联合或者单独向选举委员会或本级人民代表大会主席团推荐代表候选人。选民或者代表十人以上联名，也可以推荐代表候选人。推荐者应向选举委员会或者大会主席团介绍候选人的情况。接受推荐的代表候选人应当向选举委员会或者大会主席团如实提供个人身份、简历等基本情况。提供的基本情况不实的，选举委员会或者大会主席团应当向选民或者代表通报。

各政党、各人民团体联合或者单独推荐的代表候选人的人数，每一选民或者代表参加联名推荐的代表候选人的人数，均不得超过本选区或者选举单位应选代表的名额。

选民或者代表联名推荐的代表候选人，应当同各政党、各人民团体联合或者单独推荐的代表候选人一起列入代表候选人名单。选举委员会或者人民代表大会主席团应当向选民或者代表介绍代表候选人的情况。推荐代表候选人的政党、人民团体和选民、代表可以在选民小组或者代表小组会议上介绍所推荐的代表候选人情况。选举委员会根据选民的要求，应当组织代表候选人与选民见面，由代表候选人介绍本人情况，回答选民的问题，听取选民的意见。但在选举日必须停止对代表候选人的介绍。

第三十条　公民参加各级人民代表大会代表的选举，不得直接或者间接接受境外机构、组织、个人提供的与选举有关的任何形式的资助。

违反前款规定的，不列入代表候选人名单；已经列入代表候选人名单的，从名单中除名；已经当选的，其当选无效。

第三十一条 地方各级人民代表大会代表实行差额选举，代表候选人的人数应多于应选代表的名额。

由选民直接选举人民代表大会代表的，代表候选人的人数应多于应选代表名额三分之一至一倍；由县级以上地方各级人民代表大会选举上一级人民代表大会代表的，代表候选人的人数应多于应选代表名额五分之一至二分之一。

第三十二条 由选民直接选举的人民代表大会的代表候选人，由各选区选民和各政党、各人民团体提名推荐。选举委员会在汇总代表候选人名单时，不得调换或者增减，并在选举日的十五日以前在选区公布代表候选人名单及基本情况，同时交由各该选区的选民小组讨论、协商，根据较多数选民的意见，确定正式代表候选人名单。如果所提候选人的人数超过本细则第三十一条规定的最高差额比例，由选举委员会交各该选区的选民小组讨论、协商，根据较多数选民的意见，确定正式代表候选人名单；对正式代表候选人不能形成较为一致意见的，进行预选，根据预选时得票多少的顺序，确定正式代表候选人名单。正式代表候选人名单及基本情况在选举日的七日以前公布。同时，再次公布选举日期和地点。

县级以上的地方各级人民代表大会在选举上一级人民代表大会代表时，提名、酝酿代表候选人的时间不得少于两天，各该级人民代表大会主席团将依法提出的代表候选人名单及基本情况印发全体代表，由全体代表酝酿、讨论。如果所提候选人的人数符合本细则第三十一条规定的差额比例，直接进行投票选举。如果所提候选人的人数超过本细则第三十一条规定的最高差额比例，进行预选，根据预选时得票多少的顺序，按照本级人民代表大会的选举办法根据本细则确定的具体差额比例，确定正式代表候选人名单，进行投票选举。

正式代表候选人名单，以姓名笔画为序排列。经过预选的，按在预选中得票多少的顺序排列。

第七章　选举程序

第三十三条　地方各级人民代表大会代表的选举，应当严格依照法定程序进行，并接受监督。任何组织或者个人都不得以任何方式干预选民或者代表自由行使选举权。

第三十四条　选举日前，选民小组应对选民人数进行一次核实。在选民登记后，如有迁入、迁出、死亡等变动，应予增加或注销。如原定选举日期推迟，对新满十八周岁的选民，应补办登记。

第三十五条　选举日前，由选民推选出监票人和计票人。

直接选举的选票由选举委员会印制，间接选举的选票由代表大会主席团印制。

第三十六条　选民在选举期间临时外出或因病不能参加原选区选举的，经选举委员会同意，可以书面委托他信任的选民代为投票。

每一选民接受的委托不得超过三人，并应当按照委托人的意愿代为投票。

第三十七条　在选民直接选举人民代表大会的代表时，选民根据选举委员会的规定，凭身份证或者选民证领取选票。

第三十八条　选举委员会应当根据各选区选民分布状况，按照方便选民投票的原则设立投票站，进行选举。选民居住比较集中的，可以召开选举大会，进行选举；因患有疾病等原因行动不便或者居住分散并且交通不便的选民，可以在流动票箱投票。在本选区投票结束后一次计票，并于当日公布选举结果。

第三十九条　在选民直接选举人民代表大会的代表时，投票选举由选举委员会主持。

县级以上的地方各级人民代表大会在选举上一级人民代表大会代表时，由各该级人民代表大会主席团主持。

代表候选人及其近亲属不得担任监票人、计票人。

第四十条　各级人民代表大会代表的选举，一律采用无记名投票的方法。选举时应当设有秘密写票处。

选民如果是文盲或者因残疾不能写选票的，可以委托他信任的人代写。

第四十一条　选举人对于代表候选人可以投赞成票，可以投反对票，可以另选其他任何选民，也可以弃权。

第四十二条　每次选举所投的票数，多于投票人数的无效，等于或少于投票人数的有效。

每一选票所选的人数，多于应选代表人数的作废，等于或少于应选代表人数的有效。

第四十三条　在选民直接选举人民代表大会代表时，选区全体选民的过半数参加投票，选举有效。代表候选人获得参加选举的选民过半数的选票，始得当选。

县级以上的地方各级人民代表大会在选举上一级人民代表大会代表时，代表候选人获得全体代表过半数的选票，始得当选。

获得过半数选票的代表候选人名额超过应选代表名额时，以得票多的当选。如遇票数相等不能确定当选人时，应当就票数相等的候选人再次投票，以得票多的当选。

获得过半数选票的当选代表的人数少于应选代表的名额时，不足的名额另行选举。另行选举时，根据在第一次投票时得票多少的顺序，按照本细则第三十一条规定的差额比例，确定候选人名单。如果只选一人，候选人应为二人。

依照前款规定另行选举县级和乡级的人民代表大会代表时，代表候选人以得票多的当选，但是得票数不得少于选票的三分之一；县级以上的地方各级人民代表大会在另行选举上一级人民代表大会代表时，代表候选人获得全体代表过半数的选票，始得当选。

第四十四条 投票选举时，主持人应向选民或者全体代表报告本选区的选民人数或者本选举单位的代表人数、参加投票的人数和委托投票的人数，宣布正式代表候选人名单，说明应选的代表名额、投票的方法和注意事项，然后当众检查票箱，依次投票选举。

第四十五条 投票结束后，由监票人、计票人和主持选举的人员将投票人数和票数加以核对，作出记录，并由监票人签字。

选举结果由主持选举的人员或者人民代表大会主席团根据选举法和本实施细则确定是否有效，并予以宣布。

当选代表名单由选举委员会或者人民代表大会主席团予以公布。

选区或选举单位对选出的代表要填好代表登记表报送选举委员会或上一级人民代表大会常务委员会。

第四十六条 公民不得同时担任两个以上无隶属关系的行政区域的人民代表大会代表。

第八章 代表资格审查

第四十七条 选出的省、设区的市、不设区的市、市辖区、县的人民代表大会的代表，由本级人民代表大会常务委员会代表资格审查委员会进行审查后，提出代表当选是否有效的意见，向本级人民代表大会常务委员会报告。本级人民代表大会常务委员会根据代表资格审查委员会提出的报告，确认代表的资格或者确定代表的当选无效，并在每届人民代表大会第一次会议前公布代表名单。

对确认当选的代表，由本级人民代表大会常务委员会发给代表当选证书。

第四十八条 选出的乡、民族乡、镇的人民代表大会的代表，由本级人民代表大会代表资格审查委员会进行审查后，提出代表当选是否有效的意见，向本级人民代表大会主席团报告。本级人民代表大会主席团根据代表资格审查委员会提出的报告，确认代表的资格或者确定代表的当选无效，并在每届人民代表大会第一次会议前公布代表名单。

对确认当选的代表，由本级人民代表大会主席团发给代表当选证书。

第四十九条 代表资格审查的主要内容：

（一）当选代表是否符合宪法、法律规定的代表的基本条件；

（二）选区的选民人数和参加投票的选民人数，出席人民代表大会的代表人数和参加投票选举的代表人数，是否符合法律规定；

（三）正式代表候选人的名额是否符合法定的差额比例；

（四）选出的代表是否超出选区或者选举单位的应选代表名额；

（五）当选代表是否获得法定票数；

（六）选举程序是否符合选举法、地方组织法的规定；

（七）是否存在破坏选举和其他当选无效的违法行为。

第九章　对代表的监督和罢免、辞职、补选

第五十条 各级人民代表大会的代表，受选民和原选举单位的监督，选民或者选举单位，都有权罢免自己选出的代表。

第五十一条 罢免各级人民代表大会代表的程序和方式，依照选举法的相关规定办理。

第五十二条 县级以上的各级人民代表大会常务委员会组成人员、县级以上的各级人民代表大会专门委员会成员的代表职务被罢免的，其常务委员会组成人员或者专门委员会成员的职务相应撤销，由主席团或者常务委员会予以公告。

乡、民族乡、镇的人民代表大会主席、副主席的代表职务被罢免的，其主席、副主席的职务相应撤销，由主席团予以公告。

第五十三条 省、设区的市的人民代表大会代表，可以向选举他的人民代表大会的常务委员会书面提出辞职，由常务委员会作出决定。常务委员会决定接受辞职的，应当报上一级人民代表大会常务委员会备案、公告。

县级的人民代表大会代表可以向本级人民代表大会常务委员会书面提出辞职，由常务委员会作出决定。常务委员会决定接受辞职的，应当予以公告，并报本级人民代表大会备案。

常务委员会接受辞职，须经常务委员会组成人员的过半数通过。

乡级的人民代表大会代表可以向本级人民代表大会书面提出辞职。乡级的人民代表大会接受辞职，须经人民代表大会过半数的代表通过。接受辞职的，应当予以公告。

第五十四条 县级以上的各级人民代表大会常务委员会组成人员，县级以上的各级人民代表大会的专门委员会成员，辞去代表职务的请求被接受的，其常务委员会组成人员、专门委员会成员的职务相应终止，由常务委员会予以公告。

乡、民族乡、镇的人民代表大会主席、副主席，辞去代表职务的请求被接受的，其主席、副主席的职务相应终止，由主席团予以公告。

第五十五条 代表在任期内，因故出缺，由原选区或者原选举单位补选。

地方各级人民代表大会代表在任期内调离或者迁出本行政区域的，其代表资格自行终止，缺额另行补选。

县级以上的地方各级人民代表大会闭会期间，可以由本级人民代表大会常务委员会补选上一级人民代表大会代表。

第五十六条 补选出缺的代表时，代表候选人可以多于应选代表的名额，也可以同应选代表名额相等。依法提名的候选人，要经过充分的酝酿、讨论。

县级以上的地方各级人民代表大会在补选上一级人民代表大会代表时，如果实行差额选举，按照本细则的有关规定办理。

由选民直接补选代表时，应重新核对选民名单，对变动情况进行补正。根据本选区较多数选民的意见确定的正式代表候选人名单，应在选举日的三日以前公布。

补选代表采用无记名投票的方式进行。

对补选产生的代表，应当公布代表名单，并依照选举法和本细则的有关规定进行代表资格审查。经依法确认代表资格后，由本级人民代表大会常务委员会或者乡级人民代表大会主席团公布代表名单，并发给代表当选证书。其任期到本届人民代表大会届满时为止。

第十章　对破坏选举的制裁

第五十七条　为保障选民和代表自由行使选举权和被选举权，对有下列行为之一，破坏选举，违反治安管理规定的，依法给予治安管理处罚；构成犯罪的，依法追究刑事责任：

（一）以金钱或者其他财物贿赂选民或者代表，妨害选民和代表自由行使选举权和被选举权的；

（二）以暴力、威胁、欺骗或者其他非法手段妨害选民和代表自由行使选举权和被选举权的；

（三）伪造选举文件、虚报选举票数或者有其他违法行为的；

（四）对于控告、检举选举中违法行为的人，或者对于提出要求罢免代表的人进行压制、报复的。

国家工作人员有前款所列行为的，还应当依法给予行政处分。

以本条第一款所列违法行为当选的，其当选无效。

第五十八条　主持选举的机构发现有破坏选举的行为或者收到

对破坏选举行为的举报，应当及时依法调查处理；需要追究法律责任的，及时移送有关机关予以处理。

有关机构应当保密，保护举报人的合法权利。

第十一章　附　则

第五十九条　本实施细则自公布之日起施行。

湘西州十四届人大一次会议选举办法

（2017年1月6日州十四届人大一次会议主席团第一次会议原则通过，州十四届人大一次会议通过）

一、根据《中华人民共和国地方各级人民代表大会和地方各级人民政府组织法》和《中华人民共和国全国人民代表大会和地方各级人民代表大会选举法》的有关规定，结合我州实际，制定本办法。

二、本次会议选举下列人员：

湘西土家族苗族自治州第十四届人民代表大会常务委员会组成人员41人，其中主任1人、副主任7人、秘书长1人、委员32人；

湘西土家族苗族自治州人民政府州长1人、副州长6人；

湘西土家族苗族自治州中级人民法院院长1人；

湘西土家族苗族自治州人民检察院检察长1人。

三、大会通过湘西土家族苗族自治州第十四届人民代表大会各专门委员会主任委员、副主任委员、委员。

四、本次会议的选举由大会主席团主持。选举按一次分项提出候选人，统一酝酿、讨论候选人，分别确定正式候选人，一次进行大会选举，一次投票，分项计票的方式进行。

大会主席团将候选人名单提交全体代表酝酿、讨论时，应向全体代表介绍候选人的情况，提名酝酿候选人的时间不得少于两天。

五、本次会议选举州第十四届人民代表大会常务委员会主任和秘书长、州人民政府州长、州中级人民法院院长、州人民检察院检察长的候选人数，根据《地方组织法》第二十二条关于“人民代表大会常务委员会主任、秘书长，人民政府正职领导人员、人民法院院长，人民检察院检察长的候选人数一般应多一人，进行差额选举；如果提名的候选人只有一人，也可以等额选举”的规定，大会主席团按应选人数提出候选人，经全体代表酝酿、讨论，如果代表没有提出新的人选，则进行等额选举。

州第十四届人民代表大会常务委员会副主任、州人民政府副州长的正式候选人数，各多于应选名额1人，进行差额选举。

州第十四届人民代表大会常务委员会委员的正式候选人数，根据《地方组织法》第二十二条关于“人民代表大会常务委员会委员的候选人数应比应选人数多十分之一至五分之一”的规定，本次会议按十分之一确定差额数，设差额4名，进行差额选举。

六、代表在酝酿、讨论候选人时，如果有20人以上代表联名提出相关候选人，应由提名代表填写大会秘书处统一印制的《代表联合提名候选人登记表》，并向大会主席团介绍候选人的情况。

每一位代表与其他代表联合提出的候选人人数，均不得超过应选名额。

提名为州第十四届人民代表大会常务委员会主任、副主任、秘书长、委员的候选人，必须是本届州人民代表大会代表。

代表联合提名候选人的截止时间，由大会主席团确定。《代表联合提名候选人登记表》在截止时间以前送达大会秘书处组织组的，提名方才有效。

七、提名人在大会主席团确定正式候选人以前，如果要求撤回提名，应以书面方式提出，大会主席团应予同意。

被提名人不愿接受提名的，提名人应当尊重被提名人的意愿。如果提名人同意撤回提名，其所提候选人即可不列入候选人名单；如果提名人不同意撤回提名，应当将其所提候选人列入候选人名单，同时向代表说明被提名人不愿接受提名，请代表在酝酿、讨论正式候选人和投票选举时予以考虑。

八、如果提出的各项候选人人数等于本办法规定的差额数，则由大会主席团将全部候选人名单提交全体代表酝酿讨论后进行选举；如果提出的候选人人数超过本办法规定的差额数，则由大会主席团将全部候选人名单提交全体代表酝酿讨论后进行预选。

九、如果大会需要进行预选，预选以代表团为单位，采用无记名投票方式进行。预选工作由大会主席团委托各代表团团长主持，预选监票人由各代表团在不是候选人的代表中推定。计票人由大会秘书长在各代表团工作人员中指定，大会秘书处组织组派员协助工作。

预选选票由大会秘书处统一印制。代表对预选候选人，可以投赞成票，可以投反对票，可以弃权，也可以另选他人。

各代表团的预选结果报告由监票人签字后，报大会秘书处组织组汇总，向大会主席团报告。由大会主席团根据候选人在预选中得票多少的顺序，按照本办法规定的差额数确定正式候选人名单，提交大会进行选举。如果得票相等不能确定正式候选人时，就得票相等的候选人再次进行预选，以得票多少的顺序确定正式候选人。

十、在预选和正式选举时，出席选举会议的代表必须超过应到代表的三分之二，方可进行选举。选票上所列候选人名单按姓氏笔画顺序排列。

十一、选举采用无记名投票的方式进行。代表对选票上所列的候选人可以投赞成票，可以投反对票，可以弃权，也可以另选他人。如果另选州第十四届人民代表大会常务委员会主任、副主任、秘书长、委员，必须是州第十四届人民代表大会代表。

十二、投票选举所投的票数，等于或少于投票人数的有效，多于投票人数的无效。

十三、选票上所选某项人选的人数，等于或少于该项应选人数的有效，多于该项应选人数的无效。

十四、被选人获得全体代表过半数的赞成票，始得当选。获得过半数赞成票的被选人数超过应选名额时，按应选名额以得票多的当选。如果得票相等不能确定当选人时，应当就票数相等的被选人再次投票，以得票多的当选。如果当选人数少于应选名额时，不足的名额另行选举，另行选举是在本次会议进行，还是在下次会议进行，由大会主席团提出意见，提请大会决定。

十五、选举设总监票人、监票人、总计票人、计票人，以及其他工作人员若干人，在大会主席团领导下负责选举的具体事务。监票人由各代表团从不是各项候选人的代表中推荐，总监票人由大会主席团在监票人中提名。总监票人、监票人均由大会通过。总计票人、计票人由大会秘书长指定。

十六、投票结束后，由监票人当众打开票箱，清点选票，由总监票人向大会执行主席报告清点结果。计票工作在监票人监督下进行。计票完毕，由总监票人签字后向大会执行主席报告计票结果。由大会执行主席指定工作人员在全体代表会议上宣读各项被选人的选举得票数。选举结果由大会执行主席当场宣布。

十七、本选举办法未尽事宜，由大会主席团依照《中华人民共和国地方各级人民代表大会和地方各级人民政府组织法》和《中华人民共和国全国人民代表大会和地方各级人民代表大会选举法》的有关规定处理。

十八、本选举办法经湘西土家族苗族自治州第十四届人民代表大会第一次会议通过后实施。

中国共产党基层组织选举工作暂行条例

（1990年6月27日中共中央印发）

第一章　总　则

第一条　为健全党的民主集中制，完善党内选举制度，根据《中国共产党章程》，制定本条例。

第二条　本条例所称的党的基层组织，是指工厂、商店、学校、机关、街道、合作社、农场、乡、镇、村和其他基层单位党的委员会、总支部委员会、支部委员会，包括基层委员会经批准设立的纪律检查委员会。

第三条　党的基层组织设立的委员会任期届满应按期进行换届选举。如需延期或提前进行换届选举，应报上级党组织批准。延长期限一般不超过一年。

第四条　党的基层组织设立的委员会由党员大会选举产生。党员人数在五百名以上或所辖党组织驻地分散的，经上级党组织批准，可以召开党员代表大会进行选举。

第五条　正式党员有表决权、选举权、被选举权。受留党察看处分的党员在留党察看期间没有表决权、选举权和被选举权；预备党员没有表决权、选举权和被选举权。

第六条　选举应尊重和保障党员的民主权利，充分发扬民主，体现选举人的意志。任何组织和个人不得以任何方式强迫选举人选举或不选举某个人。

第二章　代表的选举

第七条　党员代表大会的代表应能反映本选举单位的意见，代表党员的意志。代表的名额一般为一百名至二百名，最多不超过三百名。其具体名额由召开代表大会的党组织按照有利于党员了解和直接参与党内事务，有利于讨论决定问题的原则确定，报上级党组织批准。代表名额的分配根据党员人数和代表具有广泛性的原则确定。

第八条　代表候选人数应多于应选人数的百分之二十。

第九条　代表候选人由选举单位组织全体党员酝酿提名，根据多数人的意见确定，提交党员大会或党员代表大会进行选举。

第十条　上届党的委员会成立代表资格审查小组，负责对代表的产生程序和资格进行审查。代表的产生不符合规定程序的，应责成原选举单位重新进行选举；代表不具备资格的，应责成原选举单位撤换。代表资格审查小组应向党员代表大会预备会议报告审查情况。经审查通过后的代表，获得正式资格。

第三章　委员会的选举

第十一条　党的基层组织设立的委员会委员候选人，按照德才兼备和班子结构合理的原则提名。

第十二条　委员候选人的差额为应选人数的百分之二十。

第十三条 党的总支部委员会、支部委员会委员候选人，由上届委员会根据多数党员的意见确定，在党员大会上进行选举。

第十四条 党的基层委员会和经批准设立的纪律检查委员会委员的产生：召开党员大会，由上届党的委员会根据所辖多数党组织的意见提出候选人，报上级党组织审查同意后，提请大会主席团讨论通过，由大会主席团提交各代表团（组）酝酿讨论，根据多数代表的意见确定候选人，提交党员代表大会进行选举。

第十五条 委员会委员在任期内出缺，应召开党员大会或党员代表大会补选。上级党的组织认为有必要时，可以调动或者指派下级党组织的负责人。

第十六条 党的基层组织设立的委员会的书记、副书记的产生，由上届委员会提出候选人，报上级党组织审查同意后，在委员会全体会议上进行选举。不设委员会的党支部书记、副书记的产生，由全体党员充分酝酿，提出候选人，报上级党组织审查同意后，在党员大会上进行选举。

第十七条 经批准设立常务委员会的党的基层委员会的常委候选人，由上届委员会按照比应选人数多一至二人的差额提出，报上级党组织审查同意后，在委员会全体会议上进行选举。

第十八条 选出的委员，报上级党组织备案；常委、书记、副书记，报上级党组织批准。纪律检查委员会选出的书记、副书记，经同级党的委员会通过后，报上级党组织批准。

第四章 选举的实施

第十九条 进行选举时，有选举权的到会人数超过应到会人数的五分之四，会议有效。

第二十条 召开党员大会进行选举，由上届委员会主持。不设委员会的党支部进行选举，由上届支部书记主持。

召开党员代表大会进行选举，由大会主席团主持。大会主席团成员由上届党的委员会或各代表团（组）从代表中提名，经全体代表酝酿讨论，提文代表大会预备会议表决通过。

委员会第一次全体会议选举常委、书记、副书记，召开党员代表大会的，由大会主席团指定一名新选出的委员主持；召开党员大会的，由上届委员会推荐一名新当选的委员主持。

第二十一条　选举前，选举单位的党组织或大会主席团应将候选人的简历、工作实绩和主要优缺点向选举人作出实事求是的介绍，对选举人提出的询问应作出负责的答复。根据选举人的要求，可以组织候选人与选举人见面，由候选人作自我介绍，回答选举人提出的问题。

第二十二条　选举设监票人，负责对选举全过程进行监督。党员大会或党员代表大会选举的监票人由全体党员或各代表团（组）从不是候选人的党员或代表中推选，经党员大会或党员代表大会表决通过。委员会选举的监票人从不是书记、副书记、常委候选人的委员中推选，经全体委员表决通过。

第二十三条　选举设计票人。计票人在监票人监督下进行工作。

第二十四条　选举一律采用无记名投票的方式。选票上的候选人名单以姓氏笔划为序排列。选举人不能写选票，可由本人委托非候选人按选举人的意志代写。因故未出席会议的党员或党员代表不能委托他人代为投票。

第二十五条　选举人对候选人可以投赞成票或不赞成票，也可以弃权。投不赞成票者可以另选他人。

第二十六条　投票结束后，监票人、计票人应将投票人数和票数加以核对，作出记录，由监票人签字并公布候选人的得票数字；由会议主持人宣布当选名单。

第二十七条　选举收回的选票，少于投票人数，选举有效；多于投票人数，选举无效，应重新选举。每一选票所选人数少于规定应选人数的为有效票，多于规定应选人数的为无效票。

第二十八条　实行差额预选时，赞成票超过实到会有选举权的人数半数的，方可列为候选人。

第二十九条　进行正式选举时，被选举人获得的赞成票超过实到会有选举权的人数的一半，始得当选。当选人多于应选名额时，以得票多的当选。如遇票数相等不能确定当选人时，应就票数相等的被选举人重新投票，得票多的当选。当选人少于应选名额时，对不足的名额另行选举。如果接近应选名额，也可以减少名额，不再进行选举。

第五章　监督和处分

第三十条　本条例由上级党的委员会和纪律检查委员会负责监督实施。

第三十一条　在选举中，凡有违反党章和本条例规定行为的，必须认真查处，根据问题的性质和情节轻重，给予有关党组织、党员批评教育，直到给予组织处理。

第六章　附　则

第三十二条　选举单位应根据本条例制定选举工作细则，经党员大会或党员代表大会讨论通过后执行。

第三十三条　中国人民解放军党的基层组织的选举，由中央军委根据本条例的精神制定相应的规定。

第三十四条　本条例由中共中央组织部负责解释。

第三十五条　本条例自发布之日起施行。过去有关党的基层组织选举工作的规定、办法与本条例不一致的，按本条例执行。

中国共产主义青年团基层组织选举规则

共青团中央关于印发《中国共产主义青年团基层组织选举规则》的通知

共青团各省、自治区、直辖市委，中央军委政治工作部组织局群团处，全国铁道团委，全国民航团委，中直机关团工委，中央国家机关团工委，中央金融团工委，中央企业团工委：

按照中央有关要求，结合各地团内基层选举的实践，我们对《中国共产主义青年团基层组织选举规则》进行了修订，已经团中央常委会审议通过，现印发你们，请认真贯彻执行。

共青团中央

2016 年 7 月 21 日

（由共青团中央组织部于 1992 年颁布，2016 年 7 月 15 日经共青团中央常委会审议通过修订）

第一章　总　则

第一条　为了健全民主集中制，完善团内民主选举制度，根据《中国共产主义青年团章程》，制定中国共产主义青年团基层组织选举规则。

第二条　本规则适用于乡、镇、街道、村、社区、企业、机关、学校、科研院所、社会组织和其他基层单位团的基层组织的选举工作。

第三条　团的支部委员会、总支部委员会由团员大会选举产生，每届任期两年或三年，其中大、中学校学生支部委员会每届任期一年。团的基层委员会由团员大会或团的代表大会选举产生，每届任期三年至五年。

第四条　下列人员在团内有表决权、选举权和被选举权。

（一）中国共产主义青年团团员（受留团察看处分尚未恢复团员权利的除外）；

（二）在团内担任领导职务或直接从事团的业务工作的中国共产党党员（受留党察看处分尚未恢复党员权利的除外）。

第五条　党团组织提名为团的委员会成员候选人或团的代表大会代表候选人的中国共产党党员在团内有被选举权。

第六条　团的支部委员会、总支部委员会、基层委员会任期届满应按期进行换届选举。如需提前或延期换届选举，应报同级党组织和上级团组织批准。延长期限不超过一年。

第七条　团的支部委员会、总支部委员会、由团员大会选举产生的基层委员会的负责人不得由任何一级组织或个人指定。由团的代表大会选举产生的基层委员会，在代表大会闭会期间，同级党组织和上级团组织认为有必要时，经过共同研究，取得一致意见，可以调动或指派团组织的负责人。

第八条　团内选举应尊重和保障团员的民主权利，充分发扬民主，体现选举人的意志，任何组织和个人不得以任何方式强迫选举人选举或不选举某个人。

第二章　代表的产生

第九条　团的基层代表大会的代表应能反映本选举单位的意见，代表团员意志。

第十条　代表名额一般为一百至二百人，最多不超过三百人。团员或所辖团组织较少的，可适当减少代表名额。代表名额由召集代表大会的团的委员会根据所辖团员人数，按照有利于团员了解和直接参与团内事务，有利于讨论和决定问题的原则确定，报同级党组织和上级团组织批准。代表名额的分配由召集代表大会的团的委员会根据团员人数和代表具有广泛性的原则确定。

第十一条　团的基层代表大会的代表一般由下一级团员大会选出，也可以由下一级团的代表大会选出。团员人数在二千名以上或下设团委的基层团组织，在必要时，经同级党组织和上级团组织批准，可以召集团的代表会议，选举出席上一级团的代表大会的代表。

第十二条　代表候选人数应多于应选人数的百分之二十。

第十三条　代表候选人由各选举单位按分配名额组织团员酝酿提名，根据多数团员的意见确定，在一定范围内以适当方式进行公示后，提交团员大会、团的代表大会或团的代表会议进行选举。

第十四条　上届团的委员会成立代表资格审查小组，负责对代表的产生程序和资格进行审查。

代表资格审查小组由召集代表大会的团的委员会或常务委员会提名并表决产生。其组成人员一般由团的委员会书记或副书记，团委组织部门负责人以及其他熟悉团的工作的同志组成。

代表的产生不符合规定程序的，应责成原选举单位重新进行选举；代表不具备资格的，应责成原选举单位撤换。

代表资格审查小组应向团的代表大会报告代表资格审查情况。经审查通过后的代表，获得正式资格。

第三章　委员会的产生

第十五条　团的支部委员会一般由三至五人组成，设书记一人，必要时可设副书记一人。团的总支部委员会一般由五至七人组成，设书记一人，副书记一至两人。

第十六条　团的基层委员会一般不设常务委员会。团员人数在二千名以上或下设团委的基层团组织，根据工作需要，经上级团组织批准，可以设立常务委员会。

第十七条　不设常务委员会的团的基层委员会一般由七至九人组成；设常务委员会的团的基层委员会一般由十五至二十一人组成，常务委员五至九人。乡、镇团的委员会可由九至二十一人组成。团的基层委员会设书记一人、副书记一至三人。

第十八条　团的支部委员会、总支部委员会、基层委员会不设候补委员。

第十九条　团的支部委员会、总支部委员会、基层委员会委员候选人，按照德才兼备和班子结构合理的原则提名。

第二十条　团的支部委员会、总支部委员会、基层委员会委员候选人名额应多于应选名额的百分之二十；常务委员会委员候选人名额应多于应选名额一至二人。

第二十一条　团的支部委员会、总支部委员会委员由全体团员酝酿提名，上届委员会根据多数团员的意见确定候选人，提交团员大会进行选举。

团的支部委员会委员也可以不提候选人，经全体团员充分酝酿后，直接投票选举产生。

第二十二条 团的基层委员会委员，凡召开团员大会选举的，由上届团的委员会在组织团员民主推荐、充分酝酿的基上，根据多数团员的意见确定候选人预备名单，报同级党组织和上级团组织同意后，提交团员大会进行选举；凡召开团的代表大会选举的，由上届团的委员会广泛征求所属团组织和团员的意见，提出候选人预备名单，报同级党组织和上级团组织同意后，提交大会主席团，经大会主席团初步确认，提交各代表团（小组）酝酿讨论，大会主席团根据酝酿讨论情况确定候选人名单，提交代表大会进行选举。

第二十三条 团的支部委员会、总支部委员会书记、副书记由团员大会从新当选的委员会委员中选举产生。

团的支部委员会、总支部委员会书记、副书记候选人由新选出来的委员会全体会议酝酿提名，也可以由上届团的委员会提名，经同级党组织和上级团组织同意后，根据新选出的委员会多数委员的意见确定。

团的支部委员会书记、副书记的选举，也可以不提候选人，由团员大会直接从新当选的委员会委员中选举产生。

第二十四条 团的基层委员会书记、副书记和常务委员，由团的基层委员会全体会议选举产生。召开团员大会选举的团的基层委员会书记、副书记，也可以由团员大会从新当选的委员会成员中选举产生。

团的基层委员会书记、副书记和常务委员由上届团的委员会提出候选人建议名单，报同级党组织和上级团组织同意后，提交选举人酝酿讨论，确定候选人名单，提交选举。

第二十五条 团的基层委员会书记、副书记、常务委员候选人必须是本届委员会委员，设立常务委员会的团的基层委员会书记、副书记候选人必须是本届委员会常务委员。

第四章　选举的组织领导

第二十六条　团员大会的选举，由上届团的委员会主持。团的代表大会的选举，由团的代表大会主席团主持。

第二十七条　召开团员大会选举的团的基层委员会第一次会议的选举，由上届团的委员会推荐一名新选出的委员主持。召开团的代表大会选举的团的基层委员会第一次会议的选举，由团的代表大会主席团指定一名新选出的委员主持。

第二十八条　团的代表大会正式举行前，由上届团的委员会主持召开大会预备会议。预备会议的主要任务是：

（一）通过代表资格审查小组的报告；

（二）通过大会主席团名单；

（三）通过大会秘书长、副秘书长名单；

（四）通过代表大会议程；

（五）通过有关确认事项。

第二十九条　团的代表大会的领导机构是团的代表大会主席团。

主席团成员由上届团的委员会与下一级团的委员会协商提名，经各代表团（小组）酝酿讨论后，提交代表大会预备会议表决产生。

主席团一般由各代表团（小组）负责人，团的代表大会筹备机构负责人及各方面的代表组成。主席团成员必须是团的代表大会代表。

主席团设常务主席若干人，由上届团的委员会提名，在大会秘书长主持的主席团第一次会议上表决产生。

第三十条　团的代表大会主席团的任务是：

（一）按照大会议程主持大会；

（二）组织大会的报告和讨论；

（三）组织代表酝酿讨论并确定出席上一级团的代表人会代表和本届团的委员会委员候选人名单，主持大会的选举；

（四）组织代表审议大会的决议；

（五）决定其他人事和有关重要事宜。

第三十一条 团的代表大会设秘书长一人、副秘书长若干人，负责处理团的代表大会召开期间的日常事务。

秘书长、副秘书长由上届团的委员会提名，交团的代表大会预备会议表决产生。

第五章 选举办法

第三十二条 团员大会、团的代表大会和团的基层委员会有选举权的到会人数超过应到会人数的三分之二，方可进行选举。

第三十三条 团的支部委员会、总支部委员会、基层委员会委员，出席上级团的代表大会的代表，可以直接采用候选人数多于应选人数的差额选举办法进行选举，也可以采用差额选举办法进行预选，产生候选人名单，然后进行等额正式选举。

团的支部委员会、总支部委员会、基层委员会书记、副书记一般采用差额选举办法选举产生。经同级党组织和上级团组织批准，也可以采用等额选举办法。

第三十四条 选举前，选举单位的团组织或大会主席团应将候选人的简历、工作实绩和主要优缺点向选举人作出实事求是的介绍，对选举人提出的询问应作出负责的答复。根据选举人的要求，可以组织候选人与选举人见面，由候选人作自我介绍，回答选举人提出的问题。

第三十五条 选举设监票人，负责对选举全过程进行监督。召开团员大会或团的代表大会进行选举，其监票人由全体团员或各代表团（小组）从不是候选人的团员或代表中推选，经团员大会或团的代表大会表决通过。

召开委员会进行选举，其监票人从不是候选人的委员中推选，经全体委员表决通过。

第三十六条 选举设计票人。计票人的工作接受监票人监督。

第三十七条 选举一律采用无记名投票的方式。选票上的候选人名单以姓氏笔划为序排列。

第三十八条 因故未出席会议者，不能委托他人代为投票。

第三十九条 选举人对候选人可以投赞成票或不赞成票，也可以弃权。投不赞成票时，可以另选他人。

第四十条 每次选举收回的选票，等于或少于投票人数，选举有效；多于投票人数，选举无效，应重新选举。

每一选票所选人数等于或少于应选人数的为有效票，多于应选人数的为无效票。

第四十一条 实行差额预选时，赞成票超过实到会有选举权的人数半数的，方可列为候选人。

正式选举时，被选举人获得的赞成票超过实到会有选举权人数的半数，始得当选。

获得赞成票超过实到会有选举权人数半数的被选举人多于应选名额时，以得票多者当选。如遇被选举人得票数相等不能确定当选人时，应就票数相等的被选举人重新投票，以得票多者当选。

当选人少于应选名额时，应对不足名额再进行选举。仍少于应选名额时，可相应减少应选名额，不再进行选举。当选人接近应选名额时，也可以直接减少应选名额不再进行选举。

第四十二条 投票结束后，监票人、计票人应将投票人数和票数加以核对，作出记录，由监票人签字并公布候选人的得票数字；由会议主持人宣布当选人名单。

第四十三条 团员人数在二千名以上或下设团委的基层团组

织，在必要时，经报请同级党组织和上级团组织批准，可以召集团的代表会议，增选委员会的部分成员。增选委员会成员的数额，不得超过该级团的代表大会选出委员总数的三分之一。增选后委员会委员的人数，不得超过该级团员大会或团的代表大会选出的委员总数。

第六章 报批手续

第四十四条 团的基层组织召开团员大会或团的代表大会选举，应事先向同级党组织和上级团组织请示，并取得批准。

请示的内容包括：

（一）召开团员大会或团的代表大会的时间、地点；

（二）会议的主要任务及议程；

（三）代表的名额、构成意向及产生办法；

（四）下一届委员会、常务委员会的组成及产生办法，书记、副书记人数及产生办法；

（五）需要报请同意的有关候选人建议名单；

（六）筹备召开会议的其他重要事项。

第四十五条 团的基层组织的选举结果须报同级党组织和上级团组织批准，并由上级团组织发文公布。属于同级党组织管理的干部职务名称表之列的，应按干部管理权限由同级党的组织部门办理任职手续。

第七章 监督与处理

第四十六条 本规则由上级团组织负责监督实施。

第四十七条 对于违反团章和本规则的行为，必须认真查处，根据问题的性质和情节轻重，对责任者进行批评教育直至给予组织处理。

对于严重违反本规则的选举，上级团组织可以作出选举无效的决定。

第八章　附　则

第四十八条　团的基层组织进行选举，要按本规则制定相应的选举细则（办法），经团员大会、团的代表大会讨论通过后执行。

第四十九条　中国人民解放军和中国人民武装警察部队团的基层组织的选举，由中央军委政治工作部组织局群团处参照本规则另行制定相应的规定。

第五十条　本规则的解释权属共青团中央组织部。

第五十一条　本规则自发布之日起施行。过去的有关规定与本规则不一致的，按本规则执行。

妇女联合会选举工作条例

全国妇联关于印发《妇女联合会
农村基层组织工作条例》等
《条例》和《规定》的通知

妇字〔2010〕3号

各省、自治区、直辖市妇联，新疆生产建设兵团妇联，中直机关妇工委、中央国家机关妇工委，全国妇联各团体会员：

为深入贯彻党的十七大和十七届三中、四中全会精神，进一步提高妇联组织建设的科学化、制度化、规范化水平，依据《中华全国妇女联合会章程》，全国妇联重新修订了2004年12月13日九届二次执委会议通过的《妇女联合会农村基层组织工作条例（试行）》、《妇女联合会城市街道、社区基层组织工作条例（试行）》、《妇女联合会机关、事业单位基层组织工作条例（试行）》、《妇女联合会团体会员工作条例（试行）》、《妇女联合会选举工作条例（试行）》、《妇女联合会执行委员会委员替补、增补及常务委员会委员增补的规定（试行）》。修改后的《条例》和《规定》已经全国妇联十届二次执委会议审议通过，现印发给你们，请结合实际，认真贯彻执行。

全国妇联

2010 年 1 月 25 日

第一章　总　则

第一条　为完善妇女联合会选举制度，根据《中华全国妇女联合会章程》，制定本条例。

第二条　妇女联合会的最高领导机构是全国妇女代表大会。妇女联合会的地方各级领导机构，是同级妇女代表大会。省、自治区、直辖市，设区的市、自治州，县、自治县、不设区的市和市辖区的妇女代表大会，每五年举行一次。乡镇、街道、社区妇女代表大会每三至五年举行一次。由本级妇女联合会执行委员会召集。在特殊情况下，经执行委员会讨论决定，可提前或延期举行。

第三条　妇女联合会的领导机构除其派出机构外，必须经过妇女代表大会选举产生。

第四条　中华人民共和国年满 18 周岁的女性公民享有选举权和被选举权；依照法律被剥夺政治权利的除外。

第五条　妇女代表大会代表及妇女联合会执行委员会委员的产生，要充分体现妇女群众的意志。妇女联合会执行委员会委员（以下简称执委）通过差额选举产生，常务委员会委员（以下简称常委）、副主席、主席通过等额选举产生。

第六条　妇女代表大会设大会主席团，领导大会期间选举工作。妇女代表大会筹备工作由上届妇女联合会执行委员会负责。代表必须经代表资格审查委员会审查通过确定。

第二章　代表名额及资格确认

第七条　各级妇女代表大会的代表人数、名额分配及产生办法由同级妇女联合会执行委员会确定。

第八条　代表名额分配原则是按照各地年满 18 周岁的妇女人口比例进行分配，农村每一代表所代表的妇女人数多于城市每一代表所代表的妇女人数。适当考虑政治、经济、文化发展情况和工作需要，照顾少数民族地区。

第九条　各级妇女代表大会代表中，专职妇女工作者占代表总数的 50%以内，各行各业妇女代表占代表总数的 50%以上。其中，全国妇女代表大会少数民族代表应占代表总数的 10%左右，非中共代表应占代表总数的 25%以上；地方各级妇女代表大会中少数民族代表和非中共代表的比例根据实际情况确定。

第十条　各级妇女代表大会代表人选，根据代表条件，自下而上通过选举或协商推荐确定，报大会组织处审核。自妇女代表大会代表资格审查委员会审查通过之日起，代表资格有效。

第三章　执委会、常委会名额及组成

第十一条　各级执行委员会人数、组成分配方案及其产生办法由同级妇女联合会执行委员会确定。

第十二条　执委的分配原则是按照各地区、部门的妇女人口比例进行分配，适当考虑政治、经济、文化发展情况和工作需要，照顾少数民族地区。

第十三条　各级妇女联合会执委中，专职妇女工作者占总数的

50%以内，各界妇女占50%以上。其中，中华全国妇女联合会少数民族执委应占总数的10%左右，非中共执委应占总数的20%以上；地方各级妇女联合会执行委员会中少数民族执委和非中共执委的比例根据实际情况确定。

第十四条 各级妇女联合会执委候选人，按照执委的条件，通过自下而上协商推荐确定，报本级妇女联合会领导机构审核，经妇女代表大会代表充分酝酿讨论，提交大会主席团审议通过，确定执委候选人名单，参加正式选举。

第十五条 各级妇女联合会执行委员会的全体会议选举主席一人、副主席（专兼职）若干人、常务委员若干人，组成常务委员会。常务委员会组成人员从执委中选举产生。常务委员会组成人员候选人由中央和地方有关方面民主协商提名，交全体执委酝酿讨论，再由大会主席团根据多数执委的意见，确定正式候选人名单，提交本届执行委员会第一次会议选举。

第四章　选区和监票人

第十六条 选举时设选区若干，参选人到指定的票箱投票，参选人不能委托投票，一般不设流动票箱。

第十七条 选举设监票人若干，在不是候选人的代表（执委）中推选产生。大会主席团常务主席在其中提名总监票人、副总监票人建议人选。总监票人、副总监票人、监票人建议人选名单经大会主席团会议审议后提交代表大会（执委会议）通过。已提名的候选人不得担任监票人。总监票人、副总监票人、监票人在大会主席团领导下，对选举的全过程进行监督。

第十八条 选举工作人员由负责选举工作的部门指定，在监票人的监督下进行工作。

第五章　选　举

第十九条　妇女联合会主席、副主席、常委、执委的选举采用无记名投票方式。妇女代表大会选举执委时，可以采取候选人数多于应选人数的差额直接选举办法进行；也可以采取差额选举办法进行预选，产生候选人人选，然后进行等额正式选举。差额比例一般不低于5%。执行委员会会议选举主席、副主席、常务委员时，采用两张选票。一张为主席、副主席候选人选票；一张为常务委员候选人选票。一次投票，分别计票。

第二十条　常委、执委候选人名单以姓氏笔划为序排列。

第二十一条　选举时，参选人数需超过应到人数的三分之二，方可进行选举。收回的选票等于或少于发出的选票，选举有效；收回的选票多于发出的选票，选举无效，应重新选举。每张选票所选人数，等于或少于应选人数为有效票，多于应选人数为无效票。

第二十二条　对选票上的候选人，参选人可以表示赞成、不赞成或弃权。对不赞成者可以另选他人。表示弃权的，不得另选他人。

第二十三条　不能写选票的参选人，可委托不是候选人的其他参选人按照参选人的意志代写。

第二十四条　选举时，根据需要可设秘密写票处。

第二十五条　投票结束后，当场打开票箱，清点票数，并由总监票人将选票清点结果报告大会执行主席，由大会执行主席宣布选举是否有效。

第二十六条　选举时，候选人、另选人获得赞成票数超过应到参选人的半数始得当选。对得赞成票超过应到参选人半数的被选人按得票数多少依次取足名额。得赞成票超过半数的被选人少于应选名额时，可以不取足名额。如遇票数相等不能确定当选人时，以反对票少者当选；若反对票也相等时，由大会主席团决定增加或减少当选名额。

第二十七条 投票完毕，总监票人向大会执行主席报告投票结果，由大会执行主席宣布选举是否有效。

第二十八条 计票完毕，总监票人向大会执行主席报告计票结果，大会执行主席向大会宣布选举结果。当选的常委、执委按姓氏笔划为序宣布。

第二十九条 妇女代表大会闭会期间，因工作需要选举主席、副主席、常务委员时，如执委在选举期间不能到会参选，经常务委员会同意，可以书面委托不是候选人的其他参选人代为投票。每一参选人接受的委托不得超过三人。委托投票总数不得超过执委总数的三分之一。

第六章　监督与补选

第三十条 妇女代表大会的代表，受选民和选举单位的监督。对代表提出质疑的，应与有关组织人事部门、监察部门核实。

第三十一条 代表候选人因故出缺，可由原选举单位补选。全国妇女代表大会代表候选人补选时限为距离大会召开30日以上。地方各级妇女代表大会候选人补选时限，根据实际情况确定。

第七章　附　则

第三十二条 各级妇女联合会根据本条例可以制定选举实施细则。

第三十三条 本条例解释权属于中华全国妇女联合会。

第三十四条 本条例自通过之日起施行。2004年12月13日全国妇联九届二次执委会议通过的《妇女联合会选举工作条例（试行）》同时废止。